HISTOIRE
DE
FOLEMBRAY

DEPUIS LES TEMPS LES PLUS RECULÉS

JUSQU'A NOS JOURS

PAR

M. L'ABBÉ VERNIER

Membre de plusieurs Sociétés savantes.

FOLEMBRAY

CHEZ L'AUTEUR, PLACE DE L'HOTEL-DE-VILLE

1873

HISTOIRE DE FOLEMBRAY

HISTOIRE
DE
FOLEMBRAY

DEPUIS LES TEMPS LES PLUS RECULÉS

JUSQU'A NOS JOURS

PAR

M. L'ABBÉ VERNIER

Membre de plusieurs Sociétés savantes.

FOLEMBRAY

CHEZ L'AUTEUR, PLACE DE L'HOTEL-DE-VILLE

—

1873

CHAUNY. — IMPRIMERIE BUGNICOURT, RUE DU PONT-ROYAL, 70

PRÉFACE

Les Études historiques ont pris en France, depuis plusieurs années, un nouvel essor : nos anciennes provinces, nos diocèses, nos villes, même les moins importantes, ont leur histoire ; chaque village aura bientôt la sienne. Mais quoi qu'on ait fait, il reste encore beaucoup à faire : le champ de l'Histoire est le plus vaste peut-être qu'il soit donné à l'esprit humain de fouiller, et ce n'est qu'après qu'on l'aura exploré jusque dans ses moindres parties, que nous aurons une Histoire nationale, véritable monument élevé à la gloire de la France, et dont les études partielles et approfondies des localités, seront les matériaux. Cette pensée nous a guidé en écrivant l'*Histoire de Folembray*, et c'est dans l'espoir d'apporter nous-même notre modeste pierre à ce futur monument, que nous n'avons rien épargné, pour faire de ce travail une Etude complète et consciencieuse.

Cette Etude, du reste, ne manquait pas d'intérêt : peu de villages remontent, comme Folembray, à une aussi haute antiquité et ont été mêlés aussi intimement à l'histoire de la France. La Jacquerie, sous Jean-le-Bon ; les Bourguignons et les Armagnacs, sous Charles VI ; la Ligue, sous Henri IV ; les Espagnols pendant la minorité de Louis XIV ; les Prussiens en 1815 et en 1870 ; tels sont les grands événements auxquels Folembray prend part et qui ont été pour nous comme une trame, autour de laquelle nous avons enroulé les autres faits plus particuliers à notre pays.

La Correspondance d'Hincmart, archevêque de Reims, au ixe siècle ; celle de son neveu, évêque de Laon ; les Mémoires du xive et du xve siècle ; le Journal de l'Etoile ; la Correspondance d'Henri IV et les Mémoires de Sully ; l'Histoire du diocèse de Laon du bénédictin Dom Le Long ; les nombreuses histoires de Coucy nous ont fourni un grand nombre de nos matériaux. Nous avons contrôlé nous-même toutes les sources auxquelles nous avons puisé : les Bibliothèques particulières et publiques, les Archives nationales, celles du département, celles même des communes environnantes, dans lesquelles nous espérions trouver quelques documents, ont été visitées par nous avec le soin le plus minutieux. Si nous n'y avons pas trouvé toujours les renseignements désirés, au moins les marques de sympathie et d'encouragement ne nous ont jamais fait défaut et sont venues plus d'une fois, payer bien largement, les fatigues de nos recherches. Nous serions oublieux, si nous ne nommions ici pour leur offrir l'expression de notre gratitude : M. Matton, archiviste du département, qui a recherché pour nous à la Préfecture de l'Aisne, toutes les pièces dont nous pouvions faire notre profit ; M. Labarbe, maire de Folembray et gérant de la Verrerie, qui a mis à notre disposition les Archives de la commune et celles de la Verrerie ; M. Carette, membre du Conseil général, qui a bien voulu nous confier la Chronique et le Cartulaire de Nogent, dans lesquels nous avons trouvé des documents précieux et inédits ; M. l'abbé Carlet, curé de Manicamp, si connu par ses nombreuses études d'histoire locale ; M. Marville, auteur de l'Histoire de Trosly-Loire ; d'autres encore qui nous ont aidé de leur savoir et de leurs conseils. Enfin, nous n'oublions pas non plus tous ceux de nos concitoyens qui ont contribué par leurs récits et leurs souvenirs à grossir ces modestes annales : ils nous permettront de leur offrir aussi nos remercîments les plus sincères.

A. VERNIER.

Folembray, le 1er octobre 1872.

HISTOIRE DE FOLEMBRAY

CHAPITRE I

50 ans avant J.-C. — 481.

SOMMAIRE : Position, juridiction, étymologie de Folembray ; — Superficie, hameaux et lieuxdits. — Ses premiers habitants, son premier Seigneur.

Le village de *Folembray* fait partie du canton de Coucy-le-Château et de l'arrondissement de Laon ; il est situé sur la route nationale portant le N° 37, qui va de Château-Thierry à Béthune ; il est à 28 kilomètres de Laon, à 22 de Soissons, et à 10 de Chauny.

Il dépendait autrefois du département des Aydes (contributions indirectes), et des baillage, grenier à sel et maréchaussée de Coucy ; de la généralité de Soissons et de l'élection de Laon. Sa cure était comprise dans le diocèse de Laon et dans le doyenné rural de La Fère ; elle est aujourd'hui du diocèse de Soissons et du doyenné de Coucy.

Le nom de Folembray paraît dériver de *folium*, feuille, et de *brayum*, marais, lieu humide, et veut dire marais boisé. Cette étymologie s'applique parfaitement à la situation de Folembray, construit sur un terrain couvert de bois et marécageux, la partie basse du village s'appelle même encore aujourd'hui *le Marais*.

Jusqu'au Xe siècle, on désignait Folembray sous le nom de *Follanœbrayus*, *Follanœbrayum*, *Follembrayum* ; on trouve ensuite *Folembraie*, 1089, *Foulembraie*, 1158, *Follembrae*, *Folembrai*, *Foulembray* et *Folambray* jusqu'au XVIe siècle ; jusqu'en 1830, on écrit *Follembray*, et maintenant Folembray, orthographe qui se rapproche le plus de l'étymologie.

La population de Folembray était de 100 feux en 1270; en 1760 elle était de 450 habitants, en 1818 de 493, en 1856 de 1,084; le recensement de 1872 la porte à 1,481 habitants qui se répartissent ainsi : garçons, 366, hommes mariés, 344, veufs, 27 ; filles, 307, femmes mariées, 346, veuves, 91.

La population qui compte 448 chefs de famille employés à l'industrie, 22 à l'agriculture et 25 au commerce, emploie 46 chevaux, 1 mulet, 5 ânes et possède 76 vaches ou veaux, 15 porcs, 44 chèvres, 59 chiens, et 1,202 poules, poulets, canards, etc.

Son terroir ne contient que 884 hectares, dont 130 hectares environ en terres labourables, 59 en prés, 597 en bois, 52 en vergers, jardins et plantations diverses, 6 en étangs, et 14 en vignes. La culture de la vigne y fut pratiquée sur une assez grande échelle, jusqu'au commencement de ce siècle ; une colline merveilleusement exposée et qui s'avance comme un promontoire entre Folembray et Verneuil, s'appelle maintenant encore le *Vignoir*. On sait que les vins de nos environs étaient jadis très-renommés. Coucy a gardé sur le versant méridional de sa montagne « le Clos du Roy » dont le vin, d'après le bénédictin Duplessis, ne le cédait pour la bonté qu'aux meilleurs de Bourgogne et de Champagne. (1)

A mi-côte de cette même montagne du Vignoir, se trouve un gisement considérable de nodules de calcaire siliceux (têtes de chats), très-recherchés pour la construction et l'entretien des routes ; la même chaîne de collines renferme aussi dans les

---

(1) Dom Duplessis. *Histoire de Coucy*, p. 2.

parties dites les Hautes-Avesnes et le Coupé d'immenses carrières de pierres d'appareil ou de taille, d'où l'on extrait depuis des siècles, les pierres nécessaires aux constructions de Folembray et des environs.

On trouve dans le bois de Folembray, outre les autres fleurs communes à toute l'étendue de la flore parisienne : le *Linum radiola*, la *Fumaria bulbosa*, l'*Adoxa Moschatellina*, l'*Orchis Pyramidalis*, l'*Ophrys Apifera* et *Myodes*, l'*Allium ursinum*, etc.

Le village a trois hameaux : *le Vivier*, où se trouve l'importante verrerie à bouteilles, qui envoie ses produits jusqu'aux extrémités du Nouveau-Monde ; le *Bois de Midi* et les *Prèz-Houéz*, détachés de la commune de Champs en 1828 ; une ferme isolée : *Longueval*, où se trouvait autrefois le fief de ce nom ; un écart : le *Chauffour*. Les lieuxdits les plus remarquables sont : le *Tourniquet*, ancien fief sur l'emplacement duquel l'Administration de la verrerie vient de faire bâtir une charmante cité ouvrière, la *Maison Brûlée*, les *Boyaux*, le *Chéneau*, les *Cleus*, les *Buissons*, etc.

Avant la conquête de la Gaule par les Romains, l'emplacement sur lequel le village de Folembray devait s'élever cinq siècles plus tard, était presqu'entièrement boisé. La partie inférieure seulement était un marais impraticable, où venaient se perdre les eaux pluviales des montagnes voisines ; plusieurs sources dont la plupart sont aujourd'hui taries, alimentaient quelques petits ruisseaux sur les bords desquels poussaient les joncs et les hautes fougères.

Compris dans l'ancien *pagus Laudunensis* (le Laonnois), Folembray faisait partie de la terre de Mège, qui s'étendait sur toute la basse vallée de Coucy et sur les rives de l'Ailette, jusqu'à sa jonction avec l'Oise. On n'a pu trouver aucun document sur cette terre avant l'occupation romaine ; pas un mot dans les anciens auteurs, pas une pierre, pas une découverte d'armes, de poterie ou de médailles sur lesquelles l'antiquaire ait pu exercer sa patiente érudition ; il faut donc penser qu'à cette époque, le Mège n'était pas encore habité. Mais quand Vercingétorix, le dernier défenseur de la liberté gauloise, fut tombé (47 ans av. J.-C.), Rome envoya des colonies de Lètes fouler le sol des vieux Galls et des Kimris, pour demander à la fertilité de ses terres, de nouvelles et abondantes récoltes, et pendant les loisirs de la paix, les colons romains défrichaient de vastes terrains dans l'immense *sylvacum* qui couvrait la plus grande partie du Laonnois.

Pour mettre la nation conquise en communication avec la capitale du monde, Agrippa, lieutenant du César victorieux, ouvrit à travers les Gaules quatre longues et magnifiques chaussées, que la reine Brunehaut restaura six cents ans plus tard et auxquelles elle donna son nom. L'une de ces voies reliait Rome à l'Océan, traversait Milan, toute la Gaule Narbonnaise, gagnait Châlons, passait à Reims, à Soissons, où elle se bifurquait ; une branche de cet immense tronc s'élançait vers Compiègne, l'autre passait à Pasly, à Pont-Saint-Mard, à *Folembray*, traversait l'Oise à Condren, et aboutissait à Boulogne par Saint-Quentin et Arras.

Les premiers habitants de Folembray furent donc les esclaves romains qui furent employés à la construction de cette voie et qui durent se bâtir des huttes dans le voisinage de la chaussée. Sur le parcours de cette chaussée se trouvaient d'autres habitations moins grossières, sortes de métairies qui servaient de station, de relais de poste, et se succédaient de distance en distance. Les maîtres de ces stations étaient chargés aussi de surveiller les travaux d'entretien de la chaussée ; ils avaient eux-mêmes des esclaves qui cultivaient la terre, défrichaient les bois et gardaient de vastes troupeaux de porcs à moitié sauvages dont les Gallo-Romains se nourrissaient presque exclusivement.

Des fouilles faites en plusieurs endroits du parc de Folembray, lors de la construction du château de M. le baron de Poilly, en 1859, ont amené la découverte d'un assez grand nombre de squelettes très-bien conservés ; on a trouvé aussi des carreaux en terre cuite, dont quelques-uns avaient servi de pierres de foyers, des tessons d'amphores, des tuiles à rebords, quelques haches et de nombreuses médailles de Galba, de Maximien, de Probus et de Tétricus. Ces vestiges sont autant de preuves qu'une villa romaine fut construite à Folembray, près de la chaussée ; on peut même présumer que c'était une station de relais, *veredorum statio*, puisque cette villa se trouvait, par la voie romaine, à peu près à égale distance de Soissons et de Condren, qui devaient être en rapports journaliers, par suite de leur importance militaire.

Nous sommes persuadé que de nouvelles fouilles amèneraient de nouvelles découvertes et aideraient puissamment à reconstituer l'histoire de notre pays dans ces âges si reculés, pour lesquels on ne peut trouver de documents plus authentiques.

La villa de Folembray dut exister jusque vers la fin du IVe siècle : à cette époque, nos pays furent infestés par des hordes dévastatrices que vomissaient les forêts humides de la Germanie et qui s'appelaient les Alains, les Suèves et les Vandales. Ces barbares détruisaient tout sur leur passage, incendiant les forêts, saccageant les villes et dévastant les métairies dont ils tuaient les colons.

En 481, Clovis paraît à la tête de ses Francs, il accourt de l'extrémité de la Gaule-Belgique, prend la voie romaine, traverse l'Oise à Condren, passe à Folembray, et envoie demander à Syagrius, comte de Soissons et général romain, de fixer le lieu du combat. Syagrius s'avança et rencontra Clovis dans les hautes plaines de Juvigny. Les troupes romaines durent céder devant l'impétuosité d'ardeur des Francs, qui obtinrent pour prix de leur triomphe, tout le territoire compris entre la Seine, l'Oise et la Loire. Les chefs se firent une large part dans les dépouilles des vaincus, la terre de Mège passa à Clovis, qui devint ainsi, par droit de conquête, le premier seigneur de Folembray.

CHAPITRE II
481 - 867

SOMMAIRE: Donation de la terre de Mège à saint Remi. — Les Alleux. — Premiers curés et seigneurs de Folembray. — Pardule, de Folembray, évêque de Laon, sa vie. — Intrigues du curé de Coucy-la-Ville au sujet de l'église de Folembray.

Quelques années après le triomphe du roi franc, les colons qui habitaient la terre de Mège, se plaignirent à Clovis des exactions sans nombre qu'ils avaient à souffrir de la part de ses officiers : ils étaient écrasés de taxes et d'impôts, et leurs superbes vainqueurs les traitaient avec la dernière dureté. Ils demandèrent à Clovis de les donner *au saint évêque Remi,* afin de payer désormais à l'église de Reims ce qu'ils payaient au roi. Le Sicambre converti, qui avait conservé la plus grande vénération pour l'évêque de Reims, accéda au désir des colons et fit une donation en règle de la terre de Mège, en faveur de saint Remi.

Les historiens ecclésiastiques, et en particulier Flodoart, ont embelli cette donation de curieuses particularités qui trouvent leur place ici. A la prière de Clotilde, le roi franc qui se trouvait à Juvigny, offrit à saint Remi de lui donner toute la terre qu'il pourrait parcourir, pendant que lui-même ferait sa méridienne. Le prélat monte à cheval et se met en route sans tarder : il est accueilli avec joie par les populations, heureuses pour la plupart de quitter leurs maîtres durs et orgueilleux, pour l'apôtre d'une religion de paix. Cependant, il arriva que quelques colons virent d'un œil chagrin, leurs propriétés tomber dans le domaine de l'église de Reims ; un meunier repoussa le prélat, ne voulant pas que son moulin fut compris dans l'enceinte que traçait l'homme de Dieu. « Mon ami, lui dit Remi, ne trouve pas mauvais que nous possédions ensemble ce moulin. » Mais lui le repoussa : aussitôt la roue se mit d'elle-même à tourner au rebours. Effrayé de ce prodige, le meunier court après le saint et lui dit : « Viens, serviteur de Dieu, et possédons ensemble ce moulin. » — « Il ne sera ni à toi, ni à moi, » reprit Remi. Et la terre s'entr'ouvrit, et le moulin fut englouti, sans qu'il fut jamais possible d'en établir un autre, sur ce terrain que le diligent voyageur avait maudit. Passant encore près d'un petit bois qu'on l'empêchait de comprendre dans sa marche : « Que jamais feuille ne vole, ni branche ne tombe de ce bois dans mon clos ; » ce qui, ajoute Flodoart, a été observé par la volonté de Dieu, tant que le bois a duré.

Enfin, la marche de Remi fut si rapide, et la méridienne de Clovis si longue, que le prélat put comprendre dans l'enceinte qu'il avait parcourue, la terre de Mège et quelques villages de la terre du Laonnois.

Cette terre de Mège, sur l'étendue de laquelle, nous l'avons dit, on ne possède aucun renseignement certain, comprenait probablement : Coucy-la-Ville, Verneuil, Folembray, Leuilly et le lieu où, cinq cents ans plus tard, devait s'élever le château des Enguerrand. Le seul document authentique qui nous reste de ce petit canton, se trouve dans une charte de 1116, de Barthélemy, évêque de Laon ; dans cette charte, il est fait mention de la terre de Mège, *dans laquelle se trouve le château de Coucy* (1). Que Folembray ait fait partie de cette terre de Mège donnée à saint Remi, c'est ce qu'il faut nécessairement

(1) Cette charte a été publiée par M. de l'Epinois, à la suite de l'histoire de Coucy.

admettre, lorsqu'on voit pendant quatre siècles les évêques de Reims, disposer de la cure de Folembray et nommer aussi les Seigneurs temporels. A sa mort, arrivée en 533, le saint évêque légua la plus grande partie de ses terres à l'église de Reims; elle les garda jusqu'au milieu du xe siècle : ces terres constituaient à proprement parler ce qu'on appelait alors les Alleux.

Les Alleux ou terres libres ne devaient ni cens, ni rente, ni relief (1); ils étaient exempts de toutes charges et ne relevaient, comme on disait alors, que du soleil. Le possesseur de l'alleu était souvent impuissant à garder par lui-même une terre assez étendue, et alors il donnait à un serviteur fidèle, à un soldat courageux, un pays, un bois, une terre, une maison, un étang, dont il prenait le nom, mais toujours sous l'obligation d'une redevance convenue.

Le seigneur de Folembray devenait le vassal, l'homme-lige (*ligatus*, attaché, serviteur), de l'évêque de Reims, qui lui donnait la jouissance du domaine, dont il n'était que simple dépositaire et qu'il ne pouvait transmettre à ses hoirs. A sa mort, l'évêque choisissait un nouveau seigneur,

---

(1) Droit exigible à l'occasion d'une succession.

qu'il prit assez souvent dans une même famille, mais qu'il pouvait prendre aussi partout ailleurs. Le privilégié choisi par l'évêque pour la seigneurie de Folembray, allait à Reims recevoir l'investiture du domaine inféodé. Voici en quoi consistait cette cérémonie :

Le vassal se mettait aux genoux de l'évêque, tête nue, sans épée, sans éperons, une main dans celle de son seigneur, l'autre sur sa crosse et lui disait : *Je deviens votre homme de ce jour, en avant, de vie, de terrestre honneur, et à vous serai féal et loyal, et foi à vous porterai des tenements que je reconnais tenir de vous, sauf la foi que je dois à notre Seigneur le Roy.*

Les charges du seigneur de Folembray envers l'église de Reims, étaient probablement assez légères, au moins relativement aux autres possesseurs de fiefs qui devaient à leurs seigneurs des droits de vin, vente, prisée, rouage, péage, de relief, de quint et de requint, de fours, de tordoirs, de pressoirs, de chasse. Nous en passons d'autres plus étranges encore, comme l'obligation de battre l'eau la nuit, quand le seigneur était au manoir, pour faire taire les grenouilles, etc. Du reste, certaines redevances coûtaient peu et n'étaient que des divertissements rustiques qui ne sont plus de nos mœurs, mais qu'on a eu tort peut-être de prendre toujours pour des abus de la puissance seigneuriale.

Les noms des plus anciens seigneurs et des plus anciens curés de Folembray que nous connaissions, nous ont été conservés par Hincmart, archevêque de Reims, dans une lettre à son neveu Hincmart, évêque de Laon ; nous les donnons ici avec le peu de détails qu'il nous a transmis. (1)

Vers l'année 750, l'archevêque Tilpin donna la seigneurie de Folembray à *Raoul*, et le bénéfice de la cure au prêtre *Ferter* ; Ferter fut remplacé par le prêtre *Dodon* ; à Dodon succédèrent *Haimbrade* et *Agmérade*, qui furent curés de Folembray pendant l'épiscopat de Génébaud, Bernicon et Gaudefroy, évêques de Laon. Pendant ce temps, Raoul était mort et son fils, *Odelhaire*, accepté par l'évêque de Reims, héritait de la seigneurie qu'il devait lui-même laisser à *Odelgisse*, son fils aîné, frère du jeune Pardule.

Après la mort d'Agmérade (793), l'évêque de Reims présente à la cure de Folembray le clerc *Ottéric*, qui est ordonné prêtre par Wénilon,

---

(1) Nous publions sous le N° 1 des pièces justificatives, cette lettre si intéressante pour notre pays, dont elle est l'histoire pendant un siècle, de 750 environ à 867.

évêque de Laon. Ottéric desservait en même temps Nogent, Landricourt et Bruyères (1). Nogent n'avait pas encore sa célèbre abbaye dont un des premiers sires de Coucy devait jeter les fondements trois siècles plus tard.

Le nouveau pasteur se consacra tout entier à son église, et pendant soixante ans, il se concilia l'estime et l'affection de ceux au milieu desquels il voulait mourir. Pendant son long ministère, Ottéric vit monter sur le siége épiscopal de Laon, *Pardule*, de Folembray, fils d'Odelhaire et petit-fils de Raoul; en même temps, il vit mourir Odelgisse et Odelhaire, son fils, neveu de l'évêque Pardule. *Osver* leur succéda, mais nous ne savons si ce dernier était de la famille privilégiée qui obtint de l'église de Reims, pendant plus d'un siècle, la seigneurie de Folembray.

Ottéric et Pardule durent être liés ensemble d'une étroite amitié : enfant de Folembray, l'évêque aimait à revenir aux lieux où reposaient ses ancêtres, où lui-même avait vu s'écouler sa première enfance, et le vieux prêtre, dont un ministère de soixante ans dans une même paroisse, prouve le caractère doux et paternel, aimait

(1) Nous pensons que ce hameau ou plutôt cette ferme importante devait être située entre Landricourt et Quincy.

comme son fils celui qu'il avait connu enfant, et qui était devenu son évêque.

Compatissant et affectueux, Pardule révèle toute la tendresse de son âme dans une lettre à Hincmart, archevêque de Reims, qui relevait de maladie. « Je me réjouis de votre rétablissement, lui écrit-il, vous regardant après Dieu comme mon soutien le plus assuré dans toute tribulation, comme mon consolateur le plus tendre et le plus pieux dans l'adversité. Maintenant que la santé vous est rendue, évitez tout ce qui peut l'altérer ; évitez l'excès du jeûne, l'usage trop fréquent du poisson, les crudités, les oiseaux et les quadrupèdes tués du jour, jusqu'à ce que votre santé, parfaitement rétablie, vous permette de retourner aux aliments plus communs et plus lourds des monastères. Finissez votre repas en prenant quelques fèves bien cuites dans la graisse, pour activer la digestion et purger les humeurs. Ne prenez pas de vin trop fort ni trop faible, mais usez des petits vins des côtes d'Epernay. Aussitôt que je le pourrai, et en quelque lieu que vous soyez, j'irai vous voir et converser avec vous, comme avec un ange du Seigneur. Que le Seigneur me donne de vous voir bientôt. »

Ottéric mourut au commencement de l'année

857, léguant à son église, selon les lois ecclésiastiques, *secundum leges ecclesiasticas*, les terres qu'il avait achetées. Deux hommes partirent en toute hâte, pour annoncer à l'évêque la mort de son compatriote et ami ; ils le priaient en même temps de rendre un pasteur à l'église désolée. Pardule en écrivit à son métropolitain, lui demandant de vouloir bien lui présenter un clerc ; Hincmart, à la prière d'Osver, seigneur de Fole mbray, fit choix du clerc *Wlfeger*, que l'évêque de Laon devait ordonner, mais Pardule suivit de près Ottéric au tombeau, et mourut avant d'avoir élevé Wlfeger au sacerdoce.

Nous croyons devoir dire ici quelques mots sur Pardule, dont l'histoire appartient à celle de notre pays.

Son aïeul et son père, Raoul et Odelhaire, comme nous l'avons dit plus haut, devaient à l'évêque de Reims la terre de Folembray qu'ils possédaient en fief. C'est aussi à l'évêque de Reims, à Hincmart, que le jeune Pardule dut son élévation ; en 845, il fut choisi par lui pour être son vidame. On sait qu'à cette époque, les évêques eux-mêmes prenaient les armes et combattaient en cottes de mailles et en mitre au milieu de leurs soldats. Quand l'évêque ne pouvait se rendre lui-même à la tête de ses troupes, il s'y faisait remplacer par son vidame (vice-domini, place du maître), qu'il choisissait, on le comprend, parmi ses sujets les plus braves et les plus fidèles (1). Nous n'avons vu nulle part que Pardule ait eu à exercer jamais cette périlleuse fonction; si, d'ailleurs, le pontificat d'Hincmart fut très-agité, il ne le fut que par des discussions théologiques et par des questions de discipline, qui valurent au zèle excessif du prélat de nombreux adversaires.

Pardule ne conserva le titre de vidame que deux années, après lesquelles il fut nommé archidiacre de l'église de Reims; l'année suivante (848), il remplaçait l'évêque Siméon sur le siége de Laon et était sacré par Hincmart en présence des évêques Rothade, de Soissons, et Immon, de Noyon. Son pontificat qui devait durer dix années, ne fut pas sans gloire; nous voyons Pardule assister au Concile de Quierzy, qui se tint en avril 849, en présence du roi Charles-le-Chauve; ce fut dans cette assemblée composée de quinze évêques et de plusieurs abbés, que le moine Gotescalque fut déclaré hérétique, dégradé du sacerdoce et con-

(1) Il n'y avait en France que quatre vidames: celui de Laon, d'Amiens, du Mans et de Chartres.

damné à une détention perpétuelle dans l'abbaye d'Hautvillers, au diocèse de Reims (1).

Nous voyons Pardule assister de nouveau en 853, au Concile de Soissons, tenu en l'abbaye de Saint-Médard ; Charles-le-Chauve y est encore, avec une partie des évêques de son État, au nombre de vingt-six et plusieurs abbés. Pardule présida même la première session, dans laquelle il s'agissait d'entendre plusieurs clercs rémois qu'Hincmart ne pouvait accuser et juger en même temps. A la fin de cette même année, il assiste encore à un Concile qui se tient à Verberie et où sont résolues quelques questions de discipline.

Le roi Charles-le-Chauve et Hermentrude, sa femme, avaient l'évêque de Laon en très grande estime ; celle-ci lui broda une riche étole qu'elle lui offrit un peu après son sacre en échange de ses prières ; plus tard, elle le combla de largesses qu'il consacra tout entières à la fondation du monastère d'Origny-Sainte-Benoîte (2).

Pardule mourut en 858 ; à sa mort, Hincmart choisit pour le siége de Laon son neveu qui portait

---

(1) Gotescalque enseignait la double prédestination, celle des bons à la vie, celle des méchants à la mort éternelle, et détruisai ainsi toute liberté humaine.

(2) D. Le Long, hist. du diocèse de Laon, p. 115.

son nom ; de tristes débats allaient s'élever bientôt entre l'oncle et le neveu, et devenir funestes à ce dernier.

Cependant, en attendant la consécration du nouvel évêque de Laon, l'église de Folembray était administrée par Haimérade, curé de Coucy-la-Ville, qui rêvait l'annexion de la cure de Folembray à la sienne. Il écrit bientôt au nouvel évêque que la cure qu'il dessert a toujours été sous la dépendance de celle de Coucy, qu'elle n'en a été injustement distraite que sous un de ses prédécesseurs et qu'enfin il est temps de remédier à ce fâcheux état de choses. Ses intrigues durèrent plus d'une année. Hincmart de Laon députa auprès de son oncle à Reims, Ivon et Luidon, vicaires, l'archidiacre Hédénulphe et le doyen Enguerrand, pour examiner ce que les prétentions d'Haimérade pouvaient avoir de fondé. Après une longue et sérieuse discussion, après l'examen des plus anciens documents, on trouva que l'église de Folembray n'avait jamais été sous le patronage de celle de Coucy, mais qu'elle avait toujours eu son curé, que ce dernier avait pu chanter dans d'autres églises (desservir), comme celles de Landricourt, de Nogent, de Bruyères et d'autres encore, mais qu'il avait toujours conservé le titre de curé de Folembray ; *titulus autem ipsius fuit in Follanœbrayo.*

Tout autre qu'Haimérade se serait désisté de ses prétentions, mais il ne se tint pas pour battu et avant l'arrivée de *Bertfride*, nouveau curé de Folembray, il pille l'église, enlève une chappe, une chasuble, la clochette et le missel, c'était probablement tout le mobilier de l'église. Bertfride porta ses plaintes au tribunal de l'évêque de Laon ; Hincmart envoya son archidiacre et les prêtres Fainulphe et Enguerrand pour constater le délit, et le spoliateur dut restituer en présence des envoyés de l'évêque tout ce qu'il avait enlevé. Bertfride resta cinq années à la cure de Folembray ; à l'expiration de ces cinq années, l'archevêque de Reims désigna à l'attention de l'évêque de Laon, un clerc de Folembray, nommé *Sanat*, pour remplacer Bertfride. Sanat était recommandé par *Sigebert*, nouveau seigneur, qui venait d'épouser la sœur d'Hincmart de Laon.

Pendant que Sanat se préparait à recevoir le sacerdoce, l'évêque de Laon délégua le prêtre *Grimmon*, pour administrer l'église de Folembray; il y resta dix-huit mois et fut remplacé par *Heiméric*, qui ne resta lui-même que deux ans et demi (867).

Nous allons entrer maintenant dans les grands débats qui eurent lieu au sujet de Sanat, entre les deux Hincmart ; cette affaire, avec plusieurs autres non moins regrettables, qui eurent alors un très-grand retentissement, devait amener la déposition de l'évêque de Laon.

CHAPITRE III

867-878

SOMMAIRE: Contestations entre l'évêque de Laon et l'archevêque de Reims, au sujet du droit de présentation à la cure de Folembray, et au sujet des retards apportés à l'ordination de Sa at. — Caractère de, deux Hincmart. — Première lettre d'Hincmart de Reims. — Réponse d'Hincmart de Laon. — Nouvelle lettre de l'archevêque. — L'évêque de Laon déposé au concile de Douzy. — Ses malheurs.

Depuis quatre ans déjà, Sanat que l'évêque de Laon avait élevé au rang d'acolythe, étudiait à Folembray, en attendant qu'il plût à Hincmart de l'ordonner prêtre. Mais l'évêque de Laon ne se pressait pas et contestait à son oncle de Reims, le droit de présentation à l'église de Folembray; de plus il affichait à son tour et de concert avec Haimérade, les anciennes prétentions de ce dernier et soutenait avec lui que l'église de Folembray ne devait pas avoir de curé particulier, mais devait être desservie par celui de Coucy. Vivant en mésintelligence avec son oncle et son beau-frère Sigebert, qui avait désigné Sanat au choix du métropolitain, c'était pour Hincmart une raison suffisante de retarder l'ordination de l'élu.

Les deux Hincmart, du reste, n'étaient pas faits pour s'entendre.

L'archevêque de Reims, l'un des prélats les plus remarquables de l'époque, par sa science, ses nombreux écrits, son zèle pour la discipline et l'austérité de ses mœurs, joignait à ces qualités incontestables une humeur altière et un esprit de domination qui lui valurent beaucoup d'ennemis. Jaloux, dans l'intérêt de la discipline ecclésiastique, de ses priviléges et de ses droits de métropolitain qu'il poussait jusqu'à l'extrême, il eut des démêlés avec presque tous les évêques de sa province, et les froissa tous par la dureté de sa conduite.

Hincmart de Laon n'avait de son oncle que ses défauts : présomptueux et emporté, il ne pouvait souffrir aucune observation ; répondant par des injures ou par des textes de la Sainte-Ecriture, tronqués ou faussement interprétés, aux avertissements sévères mais toujours justes de l'archevêque de Reims, il avait fini par perdre l'amitié de son oncle et l'estime du roi Charles-le-Chauve.

La correspondance des deux évêques sur l'affaire de Sanat nous a été conservée : nous ne pouvions puiser à de meilleurs documents.

Depuis le mois de février 860, jusqu'au mois de mai de la même année, la paroisse de Folembray était restée sans curé. Quelques habitants, probablement à l'instigation du seigneur Sigebert, partirent à Reims, afin d'apprendre au métropolitain dans quel état se trouvait leur paroisse ; ils n'avaient plus, disaient-ils, ni messe, ni baptême, ni confession, et deux des leurs, *Erleher* et *Gislehard*, étaient morts sans les derniers sacrements ; ils ajoutaient que leurs réclamations au sujet des retards apportés à l'ordination de Sanat avaient été stériles, et que les plus anciens de la paroisse n'avaient aucune souvenance que l'église de Folembray ait jamais été soumise à une autre église.

L'archevêque envoya un prêtre porter ces plaintes à son neveu ; il lui écrivit ensuite une très-longue lettre dont nous donnons les extraits les plus intéressants à la fin de ce volume (1). Il établit, en remontant jusque vers l'année 750, que les curés de Folembray ont été depuis très-

---

(1) Voir Pièces justificatives, N° 1.

longtemps présentés par les évêques de Reims et ordonnés par ceux de Laon.

« Tilpin, archevêque de Reims, écrit-il, choisit le prêtre Ferter, puis les prêtres Dodon et Agmérade, sous le pontificat de Génébaud, de Bernicon et de Gaudefroy, tous trois évêques de Laon. Vint ensuite Ottéric, qui fut ordonné par Wénilon, également évêque de Laon : Ottéric desservit Nogent, Landricourt et Bruyères, mais il n'eut jamais d'autre titre que celui de curé de Folembray.

« A la mort d'Ottéric, Pardule, évêque de Laon, choisit avec mon consentement et sur la prière d'Osver, alors seigneur, le clerc Wlfeger qu'il devait élever au sacerdoce, mais Pardule mourut avant de l'avoir ordonné. »

Alors vint Haimérade qui, très-probablement encouragé par l'évêque de Laon, voulut, comme nous l'avons vu au chapitre précédent, annexer la cure de Folembray à celle de Coucy.

Hincmart continue : « Après Bertfride, successeur d'Ottéric, Sigebert, à qui j'avais donné le domaine de Folembray, demanda un clerc pour son église. Ainsi que l'avaient fait mes prédécesseurs et d'après les lois ecclésiastiques et les décrets des conciles, je vous donnai ce clerc placé sous l'obéissance de notre église avec cette condition que si vous le trouviez digne du sacerdoce, je lui donnerais la liberté ecclésiastique et qu'ainsi vous pourriez l'ordonner régulièrement.

« Pendant quatre ans, vous le savez, Sanat travailla de toutes ses forces, et en attendant son ordination, vos vicaires l'archidiacre Hadulphe et le doyen Enguerrand envoyèrent le prêtre Grimmon pour desservir Folembray ; il y resta un an et demi et fut remplacé par Heiméric, qui resta deux ans et demi, jusqu'au mois de février, époque à laquelle le desservice de cette église lui fut interdit. Et maintenant, vous ravivez cette question éteinte, que tant d'évêques et de prêtres ont tranchée, les uns en donnant un curé à cette paroisse, les autres en acceptant ce titre.

« Cette église, du reste, a par elle-même de quoi faire subsister son curé; la meilleure preuve, c'est que depuis longtemps elle a suffi à l'entretien de ceux qui l'ont desservie ; elle a aussi des terres que le prêtre Ottéric avait achetées et qu'à sa mort il lui a laissées.

« Je vous avertis en outre, de ne rien faire au sujet de cette église, contre votre salut et votre ministère, et de déposer l'injuste animosité dont vous poursuivez Sigebert et son épouse qui, cependant, est votre sœur. »

Hincmart poursuit et rappelle à son neveu ce qu'ont réglé les conciles d'Arles et d'Orange : lorsqu'une paroisse appartient à un autre diocèse que celui dans lequel elle est située, le choix du clerc qui doit la desservir revient à l'évêque de l'église duquel dépend cette paroisse, et c'est à l'autre évêque qu'appartient l'ordination de l'élu.

« Si Sanat, continue l'archevêque, est irrépréhensible dans sa conduite, et s'il est docile, ce que les Saints Canons requièrent aussi dans un évêque, vous ne devez pas le rejeter après que je l'ai présenté, et le priver de cette église, pour laquelle vous lui avez promis l'ordination. Si vous voulez l'ordonner, écrivez-le moi selon l'usage, et je lui donnerai la liberté ecclésiastique ; si, au contraire, malgré votre promesse et le consentement donné à un travail de quatre années ce clerc ne vous plaît pas, si, pour quelque raison que ce soit, vous le rejetez après l'avoir ordonné sans mon consentement (il l'avait ordonné acolythe) et sans que je lui ai donné la liberté ecclésiastique, dites-le moi, et nous en trouverons un autre ; seulement, je veux que vous respectiez l'autorité des Saints Canons et l'ancien usage de cette église, ainsi que l'ont fait vos prédécesseurs et les miens.

« Depuis plus de cent ans déjà, ainsi que je l'ai constaté par des documents authentiques et comme je puis vous le faire voir, cette église existe, et de même que les lois et les Saints Canons nous défendent de diviser, selon notre bon plaisir, les paroisses rurales, elles nous défendent aussi de les réunir. »

Hincmart rappelle ensuite que les conciles ont défendu d'élever aux ordres les serfs qui n'ont pas reçu leur liberté, parceque aux yeux des hommes, ce serait avilir le sacerdoce et usurper les droits des maîtres, et pourtant l'évêque de Laon n'a pas craint d'ordonner Sanat acolythe, sans ma permission et sans qu'il ait obtenu la liberté ecclésiastique.

Il termine ainsi cette longue lettre que nous ne faisons que résumer :

« J'ai appris aussi qu'à trois reprises différentes, vous avez mandé à votre tribunal le clerc Sanat, afin qu'il ait à vous dire en vertu de quel pouvoir il a accepté une église dans votre diocèse. Je suppose pourtant que vous devez le savoir, puisque c'est par votre consentement, que depuis quatre années il travaille en vue de l'ordination qui doit lui assurer l'église de Folembray ; mais si à mon tour, je vous appelais à mon tribunal, vous auriez beaucoup à répondre... Vous avez entendu ce que je voulais, voyez ce que vous avez à faire. »

Cette lettre, dont la traduction affaiblit l'énergique rudesse, piqua au vif l'évêque de Laon.

« J'ai lu, répond-il à son oncle, la lettre de Votre Grandeur, pleine de ces attaques dont elle a l'habitude de me poursuivre, mai qui, grâce à Dieu, ne m'atteignent pas.

« Je vous écrirai au sujet d'Haimérade lorsque je l'aurai régulièrement et canoniquement entendu, mais ne connaissant pas à fond cette affaire (celle de ses prétentions sur l'église de Folembray), j'ai besoin d'interroger d'autres témoignages et lorsque je serai certain de la vérité, je la dirai de cœur et de bouche. Vous me dites au sujet du clerc Sanat : S'il est irrépréhensible dans sa conduite, et s'il est docile, ce que les Saints Canons requièrent aussi dans un évêque, vous ne devez pas le rejeter après que je l'ai présenté et le priver de cette église pour laquelle il a votre consentement... J'ignore comment vous pouvez savoir que j'ai donné mon consentement et vous même ne pourriez le prouver, malgré les Canons qui recommandent aux évêques de ne rien dire qu'ils ne puissent appuyer de preuves incontestables. Voici pourquoi je n'ai pas consenti, et ce que j'ai dit au prêtre que vous m'avez envoyé, je l'ai dit en présence de prêtres, de diacres et de laïques, afin que mes paroles ne fussent pas dans la suite mal interprêtées. Je rappelai à Sigebert le temps et le lieu où je lui avais parlé moi-même de cette église, c'était près du pont de Champs, je lui représentai alors, sans aigreur, mais avec bienveillance, qu'il avait eu tort de confier l'église à ce clerc, sans que je le sache et sans aucune explication avec Haimérade. Il me répondit qu'il n'avait pas agi ainsi, sans le consentement de mes vicaires. Desquels? lui demandai-je. Il me nomma Hadulphe. Je lui dis alors que je verrais Haimérade et que s'il voulait terminer cette affaire sans contestation, j'accéderais à ses désirs, sinon je ferais ce que la raison et l'autorité me commanderaient, et c'est ce que j'ai fait. N'ayant pu rien obtenir d'Haimérade, j'en informai Sigebert par Lairade, son serviteur.

« Haimérade demandait à comparaître devant mon tribunal, pour régler cette affaire avec Sanat; j'y demandai plusieurs fois ce dernier qui ne se présenta pas. Alors je lui fis savoir que jusqu'à ce que cette affaire reçut une solution juridique, Haimérade continuerait à remplir les fonctions dont on l'avait privé, sans jugement ecclésiastique, et que si dans la suite, Sigebert pensait avoir quelque sujet de plainte, il voulut bien faire cette plainte en temps opportun et dans une assemblée canonique. »

En résumé, Hincmart prétend n'avoir jamais consenti à l'ordination du clerc de Folembray et Sigebert ne devait pas, malgré l'autorisation des vicaires de l'évêque, prier le curé de Coucy-la-Ville de ne plus desservir une église qu'il a pillée, au grand scandale des fidèles. De plus, l'évêque peut-il être de bonne foi quand il dit qu'il n'a pu rien obtenir d'Haimérade? Et veut-il vraiment hâter la fin de ces tristes débats, lorsqu'il condamne Folembray à garder Haimérade jusqu'à ce que l'affaire soit juridiquement et canoniquement tranchée?

Il poursuit en ces termes : « J'arrive au passage suivant de votre lettre : Si vous voulez ordonner ce clerc pour votre église, écrivez-moi selon l'usage, et je lui donnerai la liberté ecclésiastique ; si, au contraire, malgré votre promesse et votre consentement donné à un travail de quatre années, ce clerc ne vous plait pas, si, pour quelque raison que ce soit, vous le rejetiez, dites-le moi, et nous en trouverons un autre...

« Je me demande d'abord pourquoi vous avez

tardé si longtemps à réclamer contre une ordination que vous appelez irrégulière, et si vous vous étiez souvenu de cette parole du Sage : Ne blâmez personne avant de l'interroger, vous vous seriez informé d'abord du mode d'ordination, et vous auriez pu juger ensuite l'ordinant ou l'ordonné ou même les punir tous deux selon les Saints Canons.

« Vous invoquez contre moi le Capitulaire de nos empereurs (Liv. I. C. 88); je rétablis dans son entier le passage auquel vous faites allusion : Quant aux serfs des églises, il a été décrété d'un commun accord, que lorsque l'un d'eux serait reconnu digne de l'ordination, il acquerrait sa liberté et serait promu aux ordres sacrés. Relisez la teneur de ce chapitre et dans le cas où je vous ferais une réponse, ne l'attendez qu'en temps et lieu convenables; jusque-là, cessez de me juger au sujet de cette ordination, car vous ne serez pas à la fois mon accusateur et mon juge. »

L'archevêque répliqua par une seconde lettre ; il commence par montrer à son neveu la futilité de ses arguments et poursuit ainsi : « Vous ignorez, dites-vous, comment je puis savoir que vous ayez donné votre consentement, et vous ajoutez que je ne pourrais le prouver, mais si vous niez ce que vous m'avez dit en présence d'une foule nombreuse, je ne vous croirai plus en rien. Lorsque nous chevauchions ensemble pour aller trouver le roi (probablement au château de Quierzy), et passions près de l'église de Folembray, pour laquelle Sanat travaillait suivant sa condition infime, ainsi que tous deux l'avons vu souvent, des habitants de ce pays vinrent se plaindre à moi des délais apportés à l'ordination et de la privation de tout prêtre, dans laquelle ils se trouvaient. En ma présence et en présence d'une foule nombreuse, vous répondites que ces gens-là ne disaient pas la vérité et que le ministère sacerdotal ne leur manquait nullement ; je leur répliquai alors, et vous l'avez entendu, que vous aviez tout disposé pour que les secours de la religion leur fussent assurés jusqu'à l'ordination de Sanat. Vous ne m'avez pas contredit, et maintenant, depuis le mois de février, cette paroisse est complètement abandonnée. »

L'archevêque écrivait cette lettre le 5 des Ides de mai 860.

Nous n'avons pas trouvé d'autre réponse de l'évêque de Laon, ce qui prouve qu'il consentit enfin à conférer à Sanat l'ordination sacerdotale ; on ne rencontre plus dans la volumineuse correspondance des deux Hincmart, une seule allusion ayant trait à cette affaire.

Malgré cette soumission trop tardive, ces débats, que l'inimitié de l'évêque de Laon pour son beau-frère Sigebert avait peut-être enfantés, allaient se continuer plus tristement encore entre l'oncle et le neveu, mais l'emportement de celui-ci devait se briser devant l'inflexible ténacité du métropolitain.

Hincmart dépose bientôt tous ceux que Pardule, l'ami de Sigebert et de l'archevêque, a élevés en dignité, et refuse de comparaitre devant Charles-le-Chauve qui le mande à son tribunal ; il prive ensuite les seigneurs des bénéfices qu'ils ont reçus du roi, les maltraite et les excommunie. Il jette aussi le trouble dans son diocèse, en excommuniant le clergé et le peuple, mettant les églises en interdit, avec défense de donner, pendant cinq jours, le baptême aux enfants, le saint viatique aux mourants, et la sépulture aux morts.

Accusé tout à la fois, par Charles-le-Chauve, par l'archevêque et le clergé de Laon, il se rend enfin au concile de Verberie (870), et parvient à force de promesses, et après de longues contestations, à se réconcilier avec son oncle et avec le roi.

N'ayant pu se maintenir en paix ni avec l'un

ni avec l'autre, il fut cité devant un nouveau concile à Douzy, dans le Rémois (870) ; l'évêque de Laon fut déposé comme coupable de désobéissance envers le roi et son métropolitain : cette sentence fut confirmée par le pape Jean VIII en 876. Charles-le-Chauve qui gardait toujours Hincmart en prison, poussa la barbarie jusqu'à lui faire crever les yeux.

Après une longue et douloureuse captivité, le sort de l'infortuné prélat s'adoucit enfin : le pape Jean VIII venu en France pour assister au concile de Troyes (878), lui permit de se présenter devant l'auguste assemblée. Hincmart toucha si vivement le pontife et tous les assistants par le récit de ses malheurs, que le pape ordonna qu'il serait mis en liberté, qu'il recevrait une pension sur les biens de l'église de Laon, et que malgré sa cécité, il pourrait célébrer la messe en prenant les précautions ordinaires (1). Les évêques le revêtirent des habits pontificaux et le conduisirent processionnellement à la cathédrale, où, du haut du jubé, il donna la bénédiction au peuple. Sa carrière se termina peu après assez paisiblement.

---

(1) Lequeux. Antiquités religieuses du diocèse de Soissons et Laon.

CHAPITRE IV

878 - 1200

SOMMAIRE : Folembray fait partie du domaine de Coucy. — Donation de l'autel de Folembray à l'Abbaye de Nogent. — Cérémonie des rissoles. — Thomas de Marle ravage les terres de Coucy. — Droit qu'à l'Abbaye de Nogent de prendre du bois dans la forêt de Folembray. — Singulière coutume que ce droit fait naître.

Le magnifique domaine de l'église de Reims excitait la convoitise des seigneurs voisins, qui songeaient à grossir à peu de frais leurs propriétés. Pour s'opposer à leurs attaques, l'archevêque de Reims, Hervé, fit construire un château-fort, vers l'année 909, sur une éminence qui domine toute la terre de Mége. Ce château devait mettre Folembray, Leuilly et Coucy-la-Ville à l'abri de leurs poursuites. Quelques habitations s'établirent auprès de cette forteresse, et donnèrent naissance à un village qui prit le nom de Coucy-le-Château. Mais, malgré la forteresse, ou plutôt à cause même de la forteresse, les seigneurs voisins n'en désirèrent que plus fortement la possession d'un domaine qui devait les rendre les plus redoutables de la contrée.

Herbert, comte de Vermandois, put s'en emparer en 925; il avait fait placer, à force d'intrigues, son fils Hugues, âgé de cinq ans, sur le siége archiépiscopal de Reims, en réclamant l'administration de la seigneurie de Coucy, à cause de la minorité de son fils. L'ambitieux Herbert, qui ne reculait ni devant le parjure, ni devant les plus noires trahisons, pour arriver à ses fins, garda cette terre jusqu'en l'année 935, époque à laquelle le roi Raoul la fit passer aux mains d'Hugues-le-Grand.

Prise et reprise par l'archevêque de Reims, aidé de quelques seigneurs, Odalric, successeur d'Hervé, afin de prévenir de nouveaux troubles, cède la terre de Coucy, en 975, à Eudes de Chartres, moyennant une rente annuelle de 60 sols. Folembray, Coucy-la-Ville, Leuilly et toutes les autres dépendances de l'église de Reims, passèrent ainsi sous la domination des seigneurs de Coucy.

Lorsque Folembray fut entré dans le domaine de Coucy, et par là même sous la dépendance de l'église de Laon, ses curés cessèrent d'être présentés par l'archevêque de Reims, et la longue querelle des deux Hincmart fut définitivement tranchée en faveur de l'église de Laon. Une charte de l'évêque Elinand, qui occupe le siége de cette église, donne en 1089 le revenu de la cure de Folembray à l'abbaye de Nogent, fondée par Albéric, premier seigneur de Coucy, dont l'histoire a enregistré les actes.

« Nous, Elinand, par la grâce de Dieu, évêque de Laon, à tous, présents et futurs, faisons savoir que nous avons donné au monastère de Sainte-Marie, situé à Nogent, les quatre églises de Pierremande, de Champs, de Bichancourt et de Folembray, pour aider au salut de notre âme, et que nous avons enlevé ces églises des mains des laïques, pour les concéder à perpétuité, à nos frères qui, dans ce monastère, combattent pour le seigneur.

« Donné à Laon, l'an du seigneur 1089. » (1)

Cette charte, confirmée par le roi Philippe Ier, en 1095, excita la colère d'Albéric, qui voulut s'opposer à cette donation, et malgré les protestations d'Elinand et les réclamations des religieux, ce seigneur continua à faire profiter les laïques

(1) Voir Pièces justificatives, N° 2.

du revenu de ces églises. De plus, il enleva aux religieux de Nogent les dîmes qu'ils possédaient en d'autres pays et depuis longtemps déjà, pour les donner à des laïques. Elinand l'excommunia, et ce ne fut que vers l'année 1122 que ces biens retournèrent définitivement au monastère de Nogent. (1) Cette célèbre abbaye eut la collation et le patronage de l'église de Folembray, jusqu'en 1789, c'est-à-dire qu'elle en percevait le bénéfice et en nommait le curé. Un traitement ou prébende était alloué pour l'entretien du titulaire, qui devait, chaque année, porter le revenu de sa cure à l'abbaye, et déjà au commencement du XIIe siècle, la maison de Nogent était une des plus riches de la province. Cette prospérité devait consoler les religieux de la bizarre cérémonie à laquelle ils étaient obligés de se prêter. Tout en comblant de leurs largesses l'abbaye naissante, les seigneurs de Coucy exigeaient que chaque année, au jour de Noël, de Pâques et de la Pentecôte, l'abbé de Nogent vînt leur faire acte public de soumission et d'hommage.

Voici quel était le curieux programme de cette cérémonie :

(1) D. Duplessis, p. 18.

L'abbé de Nogent entrait à Coucy, le matin, par la porte de Laon, revêtu d'un semoir plein de blé, ayant devant lui un panier rempli de rissoles ; c'était une espèce de petit gâteau, en forme de croissant, fait avec du hachis de veau et cuit à l'huile. Il était monté sur un cheval isabelle, auquel on avait coupé la queue et les oreilles, et suivi d'un chien roux, également sans queue et sans oreilles, portant une rissole à son cou. L'abbé attendait sur sa monture les officiers de justice et les municipaux qui se joignaient à lui, avant la messe paroissiale ; précédé de cet entourage, il partait à cheval et s'arrêtait sur la place, aux pieds de la croix, dont il faisait trois fois le tour en donnant trois coups de fouet. Il s'avançait ensuite et toujours dans le même équipage, jusqu'au portail de l'église, près duquel se trouvait un lion de pierre, accroupi sur une table que supportaient trois autres lions également de pierre. Mettant alors pied à terre, l'abbé montait sur cette table, et pliant le genou, il embrassait le lion et distribuait ses rissoles aux officiers et aux assistants. Avant de dresser l'acte d'hommage, un des officiers du seigneur de Coucy examinait l'équipage, et s'il manquait un clou aux fers du cheval, ou si le cheval avait laissé sur la route quelque trace incongrue de son passage, le cheval et le chien étaient confisqués au profit du seigneur de Coucy. Cette bizarre cérémonie fut religieusement observée jusqu'en 1741, époque à laquelle Philippe d'Orléans, marquis de Folembray et apanagiste du domaine de Coucy, convertit l'offrande des rissoles en une rente de 150 livres au profit de l'Hôtel-Dieu et de la ville.

L'abbé pouvait se faire remplacer par son fermier, et nul doute que ce dernier ne fut l'acteur ordinaire de cette scène burlesque.

On pardonnerait aux seigneurs de Coucy ces parades d'une ostentation ridicule, qui étaient alors du goût de l'époque et impressionnaient fortement les masses, si elles avaient été les seuls abus d'une puissance sans contrôle, mais l'ambition donnait trop souvent la main à la cruauté et nous allons entrer dans une époque de tristesse et de ruines, qui va nous montrer la Féodalité sous son véritable jour.

Dreux de Coucy, qui avait succédé à son père Albéric, venait de laisser le domaine de Coucy à son fils, Enguerrand Ier. Celui-ci était en lutte avec son fils Thomas, qu'il avait eu de sa première femme, Ade de Marle. Ade, morte depuis plusieurs années, avait emporté dans la tombe la haine de son mari qu'elle avait blessé par sa conduite légère, et le fils avait hérité des ressentiments paternels. Enguerrand, du reste, n'avait pas craint d'épouser l'astucieuse Sybille, du vivant même de son mari, et cette femme criminelle cherchait à enlever à Thomas de Marle, le domaine de Coucy, pour le faire passer à sa fille. Ses conseils ne réussirent que trop auprès du crédule Enguerrand, qui dépouilla Thomas de tous ses droits : celui-ci vengea cette injustice par le meurtre et la dévastation. Sa fureur, aussi terrible, dit l'abbé Suger, que celle du loup le plus féroce, grandissait chaque jour, et bientôt les terres de Coucy deviennent le théâtre de toutes les cruautés. Thomas immole à sa haine tous les vassaux d'Enguerrand qui tombent entre ses mains et Enguerrand se venge sur les vassaux de Thomas des atrocités de son fils. La nuit, aidé de quelques serviteurs formés à ce sanglant métier, le seigneur de Marle dresse des embûches aux voyageurs ; il les vole et les massacre, ou se contente de leur crever les yeux ; le jour, il poursuit les paysans, les traque jusque dans leur chaumière, y met le feu et assomme à coups de hache ceux qui essayent d'échapper aux flammes. Saint-Gobain, Coucy-la-Ville, Folembray sont les victimes de cette fureur sauvage, et pendant plus d'une année, l'implacable Thomas ne se lasse pas de répandre le sang.

Enfin, lorsque les victimes manquent à ses coups, il va promener ailleurs le pillage et le meurtre : la terre de Laon le retrouve voleur de grands chemins. Il arrête les voyageurs pour la rançon desquels il exige de fortes sommes d'argent, et si les captifs sont pauvres, il les pend ou plutôt les accroche de ses propres mains, avec des raffinements de cruauté qu'il nous est commandé de taire. Quelquefois Thomas de Marle pend des malheureux par les pouces et leur met de lourdes pierres sur les épaules pour ajouter à leur poids, il se promène au-dessous de ces gibets vivants et achève à coups de bâtons ceux qui ne possèdent rien (1).

De pareils crimes ne pouvaient rester impunis : à plusieurs reprises déjà, les populations opprimées avaient demandé au roi Louis-le-Gros de venir à leur secours, mais Louis craignait d'indisposer contre lui toute la noblesse, en s'immisçant dans les affaires d'un seigneur, tant la noblesse était jalouse de vivre en dehors du roi et de vider par

(1) Guibert, de vita sua III, 13.

elle-même les querelles qui surgissaient si fréquemment et sur tous les points du royaume. Ce fut l'église qui s'interposa entre les victimes et le bourreau : un concile, auquel assistait le roi Louis-le-Gros, s'ouvrit à Beauvais, le 6 décembre 1112, sous la présidence de Conon, légat du pape. Les évêques des provinces de Reims, de Bourges et de Sens frappèrent Thomas de Marle d'anathème et le déclarèrent en même temps dégradé de l'ordre et de la chevalerie comme infâme, scélérat et ennemi du nom chrétien (1).

Le roi s'engagea à punir tant de méfaits, il marcha contre les partisans de Thomas qui s'étaient retranchés dans la forteresse de Crécy, place qui passait alors pour imprenable, monta lui-même à l'assaut et s'empara de la forteresse qu'il fit raser. Thomas, effrayé, se rend auprès du roi, lui fait amende honorable et s'engage à payer les frais de la guerre et à restituer tous les biens qu'il a volés.

Sur ces entrefaites, Enguerrand vient à mourir, Thomas se hâte de s'emparer de la terre de Coucy qu'il trouve dans les plus tristes états, par suite des ravages qu'il y a exercés quelques années au-

---

(1) Art de vérifier les dates, t. 12, p. 224.

paravant. Mais loin de rassurer ses vassaux qui ne connaissent que trop ses fureurs, et malgré les promesses faites au roi, il n'en reprend pas moins son ancien genre de vie et devient la terreur de toute la contrée. Il s'empare des terres de Saint-Gobain et de Saint-Lambert, qui appartiennent à l'abbaye de Saint-Vincent, pille de nouveau Folembray, Barizis, Coucy-la-Ville, fait arrêter ceux qui passent sur ses terres, même avec un sauf-conduit signé de la main du roi, et les jette en prison.

Indigné de tant de perfidies, le roi Louis prend une seconde fois les armes contre le seigneur félon et s'avance vers Coucy. Thomas est cerné dans une embuscade qu'il a lui-même dressée aux troupes royales et il est renversé de son cheval par Raoul de Vermandois, qui lui passe son épée au travers du corps. Il expira le lendemain au milieu des transports d'une rage impuissante ; il avait demandé les sacrements, mais Suger nous rapporte que « lorsqu'il se leva pour recevoir la Sainte-Communion, une main invisible lui tordit le col. »

Au milieu de tant d'horreurs, il est juste d'enregistrer à la décharge de la mémoire de Thomas de Marle, qu'il fit du bien à l'abbaye de Nogent :

il donna aux religieux une charte d'immunité, et abandonna au service de l'abbaye tous les gens du pays.

Il ne peut entrer dans le plan de cette histoire de raconter tous les faits et gestes des seigneurs de Coucy, qui tous, furent en même temps seigneurs de Folembray; nous nous contenterons de faire connaître brièvement les faits qui offrent le plus d'intérêt et font mieux ressortir le caractère de ces redoutables seigneurs; pour nous, nous devons avant tout nous attacher aux événements qui constituent, à proprement parler, l'histoire de notre pays et les rechercher avec une consciencieuse minutie (1).

Enguerrand II succéda à son père dans la seigneurie de Coucy, et s'appliqua à réparer les désastres que l'insigne cruauté de Thomas avait causés. Il enrichit les monastères de Clairfontaine, de Prémontré et de Nogent, mais peu confiants dans la libéralité de leurs voisins, nous voyons les religieux de cette dernière abbaye supplier les Souverains-Pontifes de confirmer les différentes donations faites en leur faveur. Plus d'une fois

---

(1) Nous renvoyons le lecteur qui voudrait connaître dans ses détails l'histoire des sires de Coucy, aux intéressantes notices qu'ont publiées MM. Melleville, de l'Epinois et Moreau.

déjà, les seigneurs de Coucy avaient repris le lendemain ce qu'ils avaient donné la veille, il était bon de se prémunir contre de semblables retours.

En 1145, le pape Etienne III confirme les donations et priviléges de Nogent ; dans cette bulle où toutes les propriétés de l'abbaye sont énumérées, nous trouvons appartenant aux religieux « l'autel de Folembray, avec ses terres, ses bois, ses prés, ses vignes, ses hommes et ses cens. » (1)

En 1174, une bulle du pape Alexandre III reconnait et confirme ces mêmes droits. (2)

En 1185, le pape Célestin III délivre une nouvelle bulle aux mêmes religieux. Cette bulle constate qu'en plus de quarante pays, l'abbaye percevait les dîmes de toutes les récoltes et une foule d'autres droits qu'il n'est pas toujours facile de préciser. Folembray lui appartenait avec « ses dimes, ses hommes, ses terres, ses terrages, ses revenus, ses vinages et ses roages, de plus l'abbaye avait aussi le droit de justice sur tous les habitants. » (3)

Cette bulle aurait pu mentionner encore le droit qu'avaient les religieux de prendre chaque année

---

(1) Voir Pièces justificatives, N° 3.
(2) Ibid, N° 4.
(3) Ibid, N° 5.

dans la forêt de Coulommiers, « quatre chariots à deux roues, de bois, tant pour le service de la maison de Nogent, que pour le service de ses dépendances. » Mais sous quelque prétexte que ce fut, les religieux ne pouvaient prendre du bois dans le parc de *Foulembray*. (1)

Cette faveur leur avait été accordée par Raoul, seigneur de Coucy, fils d'Enguerrand II, avant son départ pour la seconde croisade, à charge de faire tous les ans, le jour du mardi-gras, une distribution de pain à tous les indigents qui se présentaient.

Cette distribution de pain aux pauvres avait donné naissance à une cérémonie particulière. Comme les indigents devenaient plus nombreux chaque année et que leurs exigences grandissaient avec leur nombre, l'abbé de Nogent avait sollicité le secours des jeunes gens de Coucy, pour maintenir l'ordre pendant la distribution. Ces jeunes gens formaient une sorte de confrérie et se choisissaient un chef, sous le nom de Prince de la Jeunesse. Quelques jours après, ils se présentaient au monastère et demandaient à l'abbé la permission de tendre la perque (nappe); les religieux leur

(1) Chronique de Nogent.

servaient un repas, pour les remercier de leur assistance.

Pendant quatre siècles, la jeunesse de Coucy alla chaque année tendre ainsi la perque à l'abbaye, mais un jour, en 1635, ceux qui étaient chargés de maintenir l'ordre, portèrent à Nogent le trouble et d'impérieuses exigences : ils prétendirent qu'il leur appartenait de fixer le menu du diner. L'affaire fut portée au roi qui condamna Jehan, de Coucy, Prince de la Jeunesse, et deux autres jeunes gens au bannissement pendant trois ans, avec injonction de garder leur ban, sous peine de la hart. (1)

A partir de cette année, la distribution du pain aux indigents se fit le Vendredi-Saint et la Confrérie de la Jeunesse fut supprimée.

---

(1) M. de l'Epinois, Histoire de Coucy, p. 288.

CHAPITRE V

1200 - 1338

SOMMAIRE : Enguerrand III fait construire un château à Folembray. — Charte de fondation de la chapelle Saint-Nicolas. — Enguerrand IV. — Différend avec Agnès de Condren, au sujet du parc de Folembray.

Vers l'an 1200, Philippe-Auguste ayant besoin d'argent pour repousser les Anglais, s'adressa au clergé de Reims qui lui répondit que cette contribution tirait à conséquence et qu'il ne pouvait que l'aider de ses prières. Dans la même année, Enguerrand III qui venait de succéder à son père Raoul, dans la seigneurie de Coucy, et avait hérité de l'humeur altière de ses ancêtres, pilla les terres de l'église de Reims. Les chanoines, hors d'état de résister à un seigneur aussi puissant, implorèrent le secours du roi. Philippe leur répondit à son tour qu'il ne pouvait que les aider de ses prières. Mais les prières du roi qui, sans doute, n'étaient pas très-pressantes, ne furent pas entendues du nouveau seigneur, et Enguerrand n'en continua pas moins à inquiéter les chanoines. Philippe-Auguste pourtant, oubliant le sujet de mécontentement qu'il avait reçu du chapitre de Reims, assembla une armée à Soissons, pour ravager les terres de Coucy, de Folembray, de Saint-Aubin et toutes les autres qui appartenaient à Enguerrand : celui-ci, alors, pour avoir la paix avec son roi, la fit avec les chanoines et vécut désormais avec eux en bonne amitié.

Nous allons voir maintenant Enguerrand III s'occuper de ses domaines et doter ses terres de châteaux, dans lesquels on ne saura ce que l'on doit le plus admirer, ou la fortune immense qui a pu suffire à tant de constructions, ou la main d'œuvre qui les a élevées en si peu de temps, ou bien le génie créateur qui a présidé à de si merveilleux travaux. Nous n'avons pas à parler ici du château de Coucy ; nous ne dirons rien de son fier donjon, celui des monuments de l'âge féodal le plus remarquable peut-être que l'on puisse voir et que la foudre, les tremblements de terre et les mines ont laissé debout, témoin toujours vivant des siècles qui ne sont plus, souvenir impérissable d'une inflexible cruauté et d'une bravoure sans égale. C'est quelques années après la construction de cette forteresse, qui fut élevée au commencement du XIIIe siècle, qu'Enguerrand jeta les fondements du château de Folembray.

Construit sur la partie la plus élevée du village, le château avec ses dépendances couvrait presque entièrement le monticule qui lui servait de support, c'est-à-dire qu'il embrassait l'espace compris entre la route actuelle, au nord et à l'est, la rue des Vaches, au sud-ouest, et la route de Pont-Saint-Mard, à l'ouest. Cet emplacement avait été merveilleusement choisi; au sud, la vue s'étend jusqu'aux hautes collines du Soissonnais, à la gauche desquelles se détache majestueusement le château de Coucy avec ses tours, ses courtines et son colossal donjon; à l'ouest, on découvre d'un seul coup d'œil la longue chaîne de collines qui s'étend des hauteurs de Crécy-au-Mont à la forêt de Compiègne, et sur le penchant de laquelle sont assis de nombreux villages : Blérancourt, bourg déjà populeux, Saint-Aubin, qui allait avoir aussi son château; Trosly, ancienne villa royale, et plus bas Pont-Saint-Mard, Guny, Champs, baignés par l'Ailette, au cours paisible et tortueux, qui tantôt se cache dans des touffes de verdure, et tantôt montre ses eaux limpides, coulant à travers de fertiles prairies, jusqu'à ce qu'elle disparaisse enfin derrière les hautes futaies de Prast.

D'après des traditions fort invraisemblables, de vastes souterrains reliaient le château de Folembray à celui de Coucy ; une autre de ces gigantesques substructions allait de Folembray à Saint-Nicolas-aux-Bois, et se continuait jusqu'à Coucy par Prémontré. Sans s'arrêter à ces souvenirs qui s'attachent aux ruines de toutes les demeures de la féodalité, Folembray montre encore, et ce sont les seuls vestiges de son premier château, de spacieuses caves aux voûtes ogivées, semblables en plus d'un point aux souterrains de Coucy, et dont les marches, hautes et inégales, prouvent une fois de plus que notre génération ne gagne pas en force ni en taille sur les âges qui l'ont précédée.

Dans l'enceinte des murs du château se trouvait un oratoire dédié à saint Nicolas : cet oratoire dont on voyait encore des ruines il y a quelques années, a subsisté jusqu'à la Révolution de 1793 ; les vieillards se souviennent d'y avoir vu à certains jours, célébrer le saint sacrifice. Lorsque François Ier fit reconstruire le château de Folembray, comme nous le verrons en son lieu, on remplaça les dalles de l'oratoire par des carreaux en terre cuite émaillée, sur lesquels on voyait le chiffre du roi au milieu de quatre fleurs de lys. Au-dessous de cette chapelle, à l'endroit même où devait se trouver l'autel, on a découvert, il y a cinquante ans, un caveau de sept pieds carrés environ, entièrement vide et dont rien ne faisait soupçonner l'existence. On peut croire qu'Enguerrand avait eu la pensée de se préparer une dernière demeure pour lui ou quelqu'un des siens, et que la mort a trompé ses prévisions, ou peut-être qu'il avait préparé, en cas de surprise ou d'attaque, une cachette pour les objets les plus précieux du château.

Nous donnons ici la traduction de la charte relative à la fondation de la chapelle Saint-Nicolas, elle est extraite de la Chronique de Nogent :

« A tous ceux qui ces présentes lettres verront Enguerrand, sire de Coucy, salut dans le Seigneur.

« Nous avons prié plusieurs fois, vénérable personne G..., par la grâce de Dieu, évêque de Laon, le religieux abbé de Nogent et le curé de Foulembray, de nous donner l'autorisation d'avoir dans notre maison que nous avons à Foulembray, un oratoire où seraient célébrés les divins offices, toutes les fois que nous y serions nous-mêmes, ou notre épouse, ou quelqu'un des nôtres. Ne voulant blesser en rien les droits dudit abbé et dudit curé, nous reconnaissons par ces présentes lettres, ledit abbé pour patron dudit lieu. Et nous voulons que ledit abbé en tant qu'ayant le patronage dudit lieu, ait à perpétuité, plein pouvoir de donner ladite chapelle à qui bon lui semblera, pourvu que la personne en soit digne, et nous nous obligeons à cela, nous et nos héritiers, sauf toutefois le droit en toutes choses du seigneur évêque de Laon, du curé du même lieu et de l'abbé susdit...

« Fait en février de l'an du Seigneur 1209. » (1)

Enguerrand n'était pas las de bâtir : après les châteaux de Coucy et de Folembray, il fit construire ceux de Marle, d'Assis-sur-Serre, de La Fère, de Saint-Gobain, de Saint-Lambert, de Saint-Aubin, de Moyembrie et l'hôtel de Coucy, à Paris. On a peine à comprendre comment un seul homme se trouva assez puissant pour mener à bonne fin tant d'entreprises et comment en si peu de temps, on put élever de si étonnantes constructions. Dans quel but Enguerrand semait-il

---

(1) Voir au N° 6 des Pièces justificatives, le texte même de cette charte.

partout ses domaines, ces merveilles d'architecture, ces châteaux imprenables qui devaient lui assigner le premier rang parmi les puissants barons du royaume? Ne rêvait-il pas alors de transformer sa baronnie en une sorte de souveraineté dont il aurait été le chef et qui aurait subi ses lois? De pareils sentiments peuvent être supposés chez celui qui eut plus tard l'ambition de poser sur son front la couronne de France, alors aux mains de Blanche de Castille, et d'imposer à tous une volonté qui ne pouvait souffrir ni rivalité, ni contrainte. (1) Du reste, le corps des lois qu'il fit rédiger sous le nom de « Coustumes de Coucy, » pour toutes les terres de son obéissance, prouve suffisamment qu'il ne voulait d'autres lois que les siennes et ne prétendait relever que de lui seul. (2)

Cependant, au milieu de tant de travaux et de préoccupations, Enguerrand trouvait assez de temps encore pour aller combattre les ennemis de la France et les siens; après plusieurs expé-

(1) On sait qu'Enguerrand, qui espérait devenir roi, s'était fait faire une couronne : Quia regina... scivisset quod Enguerrandus de Coucy, jam fecerat fieri coronam, sperans esse rex. Duchesne, hist. de la maison de Coucy. Preuves, p. 367.

(2) Voir aux Pièces justificatives, N° 7. les Coustumes de Coucy, qui différaient des Coustumes du Vermandois et qui régirent Folembray jusqu'à la grande Révolution.

ditions dans le Languedoc, nous le retrouverons en 1214, au pont de Bouvines. Vingt-huit chevaliers, tous vassaux du sire de Coucy, combattent sous sa bannière; l'histoire doit garder leurs noms, ce sont: Thomas et Robert de Coucy, Raoul du Sart, le châtelain de Coucy, Alain de Roucy, Clérambault de Montchalons, Foulques de Brissay, Jehan de Montgobert, Hervé de Buzenci, Guy de Villers, Jean-le-Tor, Raoul de Castel, l'héritier de Pierrepont, Albéric de Bussi, Raoul de Eseri, Jean de Coudun, Anselme de Roncherolles, Mannassés de Mello, Pierre de Milli, le châtelain de Beauvais, Zélon de Beauvais, Raoul de Gif, Gauthier de Tirel, l'héritier d'Argy, comte de Beaumont, Beaudouin de Reims, Roger de Rosoy, le sire de Montaigu.

Enguerrand-le-Grand mourut en 1242, à l'âge de soixante ans environ, d'une façon singulière : il passait une rivière à gué, lorsque son cheval se cabra et le renversa ; en même temps son épée sortit du fourreau, et il tomba sur la pointe qui lui traversa le corps.

Raoul II succéda à son père Enguerrand dans la seigneurie de Coucy ; il a daté du château de Folembray, août 1246, la charte d'affranchissement de la commune de Juvigny, « escripte en parchemin, scellée en cire vert et laz de soie. » (1)

En cette même année, Raoul se plaignant de ce que les religieux de Nogent étendaient le droit qu'ils avaient de prendre du bois dans la forêt de Coulommiers jusqu'au parc du château de Folembray, confirma par un acte ce droit qu'ils tenaient de Raoul Ier (1190) et le restreignit dans ses justes limites.

« Nous reconnaissons, dit cet acte, et confirmons le droit qu'a cette église à perpétuité de prendre dans la forêt de Coulommiers, quatre chariots à deux roues, de bois, sauf toutefois que par cette reconnaissance et confirmation, nous n'entendons pas, nous ne voulons pas, nous ne concédons pas qu'elle doive ou puisse prendre du bois dans notre parc de Folembray. » (2).

Raoul fut tué en Terre-Sainte, au combat de Mansourah (1250) ; comme il ne laissait pas d'héritiers, toutes ses possessions passèrent aux mains de son frère, Enguerrand IV.

Le nouveau sire de Coucy et seigneur de Folembray se montra le digne héritier de Thomas de Marle, son aïeul, et se signala bientôt par un

---

(1) M. Martin-Marville a publié dernièrement cette charte, avec celle de Selens et Saint-Aubin.

(2) Voir Pièces justificatives, N° 8.

acte de barbarie sans exemple. L'abbaye de Saint-Nicolas, située à 16 kilomètres de Coucy, avait une école où les fils des seigneurs venaient chercher la science que les cloîtres gardaient religieusement et pouvaient seuls distribuer.

Il arriva qu'un jour trois nobles fils de Flandre, gentils écoliers de quinze ans, « en qui la passion de la chasse commençait à poindre, allèrent jouer par le bois de l'abbaye avec arcs et flèches, pour occire conins (lapins), sans chiens et sans aultres engins par quoy ils pussent prendre bestes sauvages. Comme ils suivaient leur proie et s'esbattaient joyeusement, sans se doubter de rien, ils furent prins et retenus par les sergents qui gardaient le bois. Quand Enguerrand ouy le fait, il fist tantost sans jugement pendre les enfants. » (1)

Mais la justice était assise avec saint Louis sur le trône de France, et le roi « droiturier, » comme l'appelle le chroniqueur, ne pouvait laisser un pareil crime impuni. Enguerrand fut arrêté et conduit à la tour du Louvre ; tous les barons furent mandés au conseil du roi. La plupart, jaloux de leurs priviléges, se rangèrent du côté du meurtrier de telle sorte « que le roi demoura seul »

---

(1) Guillaume de Nangis.

mais sans se laisser effrayer, il s'écria : « Or, quoique avienne, il sera faicte bonne justice du sire de Coucy, malgré son lignaige et ses amys. » (1)

Enfin, le fier Enguerrand tombant aux genoux du roi, demande grâce pour sa vie ; la plupart des barons joignent leurs supplications aux siennes et fléchissent enfin Louis qui se contente de condamner Enguerrand à une amende de 12,000 livres de deniers, c'est-à-dire à environ 250,000 francs de notre monnaie, avec privation du droit de haute justice et de garenne.

Une croix de pierre qui s'élève dans la forêt, près des ruines de l'abbaye de Saint-Nicolas, a perpétué le souvenir du meurtre et celui de l'expiation.

Quelques années après, en 1265, Enguerrand eut un différend avec Agnès, dame de Condren. Agnès, suivant en cela l'usage immémorial de ses ancêtres, prétendait avoir le droit de prendre du bois « dans la forêt de Colombiers, dans le parc de Foulembray, et au-delà de la forêt des Colombiers, tout ce qui lui était nécessaire pour sa maison de Condren. » Enguerrand lui refusant

(2) Guillaume de Nangis.

ce droit, l'affaire fut portée au tribunal du roi. Louis IX fit faire une enquête par un de ses clercs et par Geoffroy de Roncherolles, bailli du Vermandois; l'enquête établit que dame Agnès pouvait prendre dans le parc de Folembray et dans toute la forêt des Colombiers tout ce dont elle pouvait avoir besoin.

Sept années s'écoulèrent avant que l'enquête obtint la sanction royale, et ce ne fut qu'en 1272 que Philippe III porta enfin un arrêt que rien ne faisait pressentir. Agnès de Condren était morte et Jehan, seigneur de Faillouël, continuait à prendre dans le parc de Folembray les bois pour « brûler, construire et faire des clôtures pour l'usage de sa maison, » quand un jugement rendu par la cour, défendit à Jehan et à ses successeurs tout droit dans les bois des Colombiers. (1)

Lorsqu'Enguerrand eut terminé cette affaire avec les seigneurs de Condren, il songea à agrandir l'enceinte du parc de la maison de Folembray. Mais comme les religieux avaient droit de dîme et de terrage sur quelques-unes des terres qui avoisinaient le château, c'est-à-dire sur les terres comprises probablement entre la rue des Vaches

---

(1) Voir Pièces justificatives, N° 9.

et la rue du Pavé, Enguerrand leur offrit en échange de ces droits, treize essaims d'avoine, mesure de Coucy, à prendre chaque année dans les greniers du château de Folembray. (1) Les religieux consentirent à cet échange et reçurent les treize essaims d'avoine jusqu'en l'année 1400, époque à laquelle le domaine de Folembray passa dans la famille d'Orléans.

Le 30 août 1289, Enguerrand qui cherchait à réparer par la justice et l'aumône les crimes de sa jeunesse, donna à l'abbaye de Nogent remise de « plusieurs rentes, pour terres, prés, maisons et héritages, sis dans l'étendue de la seigneurie, fiefs et arrière-fiefs de Coucy-le-Chastel. Nous donnons ici ce qui, dans cet acte, a rapport à Folembray :

« A tous ceux qui ces présentes lettres verront et orront. Nous, Jean, par la patience de Dieu, abbé de Nougient et tout li couvent de ce même lieu... comme nous eussiens et tenussiens en la terre de Couci, plusieurs terres et plusieurs possessions, cens, rentes, et aultres choses, aulcunes par acquest ou par échange, et aulcunes par aumônes ou autrement. C'est à sçavoir : ... à Créci...

---

(1) Voir Pièces justificatives, N° 10.

une vigne tenant à damosel Ysabelle et à Jean de Foulembray, valant vingt sols par an.. à Guinarcourt... onze journées de vigne, tenant à Yvard de Foulembray, valant quarante solz par an... à Foulembray six solz de cens par an sur la vigne qui tient à Furchu, d'une part, et à Vuiart, d'autre... Item, trente-deux verges de terre, valant trente deniers par an... Item, dix solz de roage par an... » (1)

Enguerrand IV mourut en 1311 ; la vie des deux Enguerrand qui lui succédèrent n'offre aucun fait particulier qui puisse trouver place dans l'histoire de Folembray.

---

(1) Chronique de Nogent, p. 260.

CHAPITRE VI

1358-1400

SOMMAIRE : Troubles de la Jacquerie. — Retour d'Enguerrand dans ses terres. — Affranchissement de la commune de Folembray — Situation des vilains. — Folembray est épargné par les Anglais. — Construction de l'église. — Charles VI à Folembray.

La bataille de Poitiers avait eu pour la France les résultats les plus funestes : le roi Jean-le-Bon était prisonnier et un grand nombre de seigneurs étaient tombés à ses côtés. En même temps, les Anglais, profitant de notre détresse, mettaient tout à feu et à sang, pillant les villages, ravageant des contrées entières, exerçant partout de terribles cruautés. A ces maux déjà si nombreux, vint se joindre une calamité nouvelle ; ce fut l'insurrection la plus effrayante qu'ait vue jusque-là l'histoire de notre pays.

Quelques paysans des environs de Clermont et de Beauvais donnèrent le signal ; ils élurent un chef qui reçut le surnom de Jacques Bonhomme, nom que les seigneurs donnaient par mépris aux vilains. Leur but était l'anéantissement de la noblesse ; c'était la vengeance sans merci, le meurtre sans quartier. En moins de quelques semaines, la Jacquerie, forte de plus de cent mille paysans, avait détruit près de deux cents forteresses ou châteaux ; partout les vilains se soulevaient, s'armant de piques, de fourches, de bâtons ferrés et de haches, incendiant les manoirs et tuant les seigneurs sur les débris fumants de leurs habitations. Le Beauvaisis, le Valois, l'Amiénois, le Noyonnais, le Laonnois et en particulier la seigneurie de Coucy, furent ruinés par cette invasion d'un nouveau genre.

Les nobles fuyaient épouvantés à l'aspect de ces hordes, impuissants à opposer une digue à ce torrent dévastateur, et ce qu'en rapportent les chroniqueurs fait frémir encore. Un historien contemporain raconte « qu'entre les autres désordonnances et vilains faits, ils tuèrent un chevalier et le boutèrent en une broche, et le tournèrent au feu, et le rôtirent devant la dame et ses enfants, et ils les en firent manger par force, et puis les tuèrent. » (1)

(1) Froissart.

Les vilains qui habitaient la terre de Coucy, prirent une part active à la révolte, et Folembray surtout, que son château et le voisinage de Coucy mettaient en contact permanent avec les sires, dut plus que tout autre village entrer dans les rangs des Jacques, pour satisfaire de vieilles rancunes et revendiquer aussi ses droits à la liberté. Mais Enguerrand avait pris ses mesures : il avait réuni dans sa forteresse de Coucy une poignée de soldats couverts d'armures de fer qui les rendaient invincibles ; quelques seigneurs s'étaient joints à eux et bientôt ils commencèrent à courir sus aux paysans, les poursuivant, les traquant jour et nuit, véritable chasse à mort, sanglantes représailles qui égalaient les cruautés de la Jacquerie.

Le sire de Coucy parcourait ses domaines, faisant pendre sans miséricorde ceux qui étaient convaincus ou seulement soupçonnés d'avoir pris part à la révolte, et bientôt nous dit un historien, on ne put faire un pas sans voir des cadavres d'hommes, de femmes, d'enfants même, suspendus aux branches de tous les arbres. (1)

L'insurrection était étouffée, mais malgré sa

(1) Melleville, Histoire de Coucy, p. 101.

défaite apparente, elle avait porté un coup terrible à la féodalité, et si le vieux colosse n'était pas encore renversé, il tremblait sur ses bases et devait bientôt tomber de lui-même. Folembray qui avait eu sa part de révolte, eut certainement aussi sa part de châtiments, et quoique les chroniques n'en fassent aucune mention spéciale et ne parlent qu'en général des terres de la baronnie de Coucy, nous devons croire pourtant que ces jours ont été pour notre malheureux pays, des jours de suprême désolation et d'inexprimables angoisses.

Un grand nombre d'habitants trouvèrent leur salut dans la fuite et allèrent demander asile aux terres plus hospitalières du comté d'Anizy et à celles de la chatellenie de Chauny. On quittait sans regret la chaumière dans laquelle on n'était pas sûr de mourir; le pays où le caprice du maître était la seule justice. Cette émigration se continua pendant près de sept années, et lorsque Enguerrand revint d'Angleterre, où il avait été gardé comme otage pour la rançon du roi Jean, il trouva ses biens dans le plus mauvais état, ses propriétés négligées, ses terres en friche et les villages qui composaient sa baronnie dépeuplés de moitié, en un mot, « sa dicte terre grandement moin valable. »

Le sire de Coucy comprit qu'une plus longue résistance de sa part tournait à son préjudice, et qu'il devait à ses vassaux les franchises de *morte-main* et de *fourmairiage* si longtemps réclamées. Au mois d'août de l'an 1368, il octroya aux vingt-deux villes ou villages qui relevaient de son domaine, une charte collective d'affranchissement, dont nous donnons le texte :

« A tous ceux qui ces présentes lettres verront et orront, Enguerrans, sire de Coucy, comte de Soissons et de Bedefort, salut. Comme par la générale coustume et usaige de nostre baronnie et terre de Coucy, toutes personnes qui y veignent demourer et auxi qui y demouront, sont nos hommes et femmes de morte main et de fourmairiaige, touste fois que le cas y eschiet se lez dictes personnes ne sont clercs ou nobles, excepté aucuns qui sont tenuz de nous en foy et hommaige, et aucuns autres; lesquelles personnes en allant demourer hors de nostre dicte terre, en certains lieux, se afranchissent sanz notre congié et puest afranchir toute fois que il leur plaist; et pour hayne d'icelle servitude plusieurs personnes délaissent à demourer en nostre dicte terre, et par ce est et demoure icelle terre en grant partie non cultivée non labourée en riez, pourquoy nostre dicte terre en est grandement moins valable;

et pour icelle servitude détruire et mettre au néant, ont ou temps passé nos devanciers seigneurs de Coucy, et par espécial nostre chier et amé père, dont Dieux ait l'âme, esté requis de par lez habitants pour le temps en la dicte terre, en offrant par iceulz certaine revenue perpétuelle, sur laquelle chose nostre dict père, dont Dieux ait l'âme, eust grand conseil et par plusieurs délaiz par lequel grant et bon conseil il trouva que c'estoit grandement sez proffiz de destruire et mettre au néant la dicte coustume, en prenant le proffiz à lui offer; lequel nostre dict père, dont Dieux ait l'âme, avant qu'il peust accomplir la dicte requeste, ala de vie à trespassement; dez quelles choses nous sommes bien et pleinement informez, et depuis que nous fûmes venus en aaige et que nous avons joy pleinement de nostre dicte terre, les habitans de noz villes de nostre dicte terre sont venuz par plusieurs foiz par devers nous, en nous requérant que la dicte coustume et usaige voulsissions destruire et mettre au néant, et nostre dicte terre et villes, touz les habitans présens et advenir demourans en icelles, afranchir des dictes servitudes et autres personnelles quelzconques à tous jours perpétuelment, en nous offrant de chacune ville ou pour la plus grande partie des dictes villes, certaine rente et revenue d'argent perpétuelle pour nous, nos successeurs, perpétuelment et à tous jours. C'est à scavoir : pour

Coucy-la-Ville et les habitans d'icelle, X livres parisis ; pour la ville de Fraine et les habitans d'icelle, XXIV sols parisis ; pour la ville de Noirmaisières, XXX sols parisis ; pour la ville et poste de Landricourt, XIII livres X sols ; pour la ville de Rienville, XLVIII sols ; pour la ville de Verneuil, CVIII sols ; pour la ville de Sorny et appartenances, C sols ; pour la ville de *Foulembray*, XI livres ; pour la ville de Chams, XL sols ; pour la ville de Sernay, XXX sols ; pour la ville de Trosly, XVIII livres ; pour la ville d'Allemant, VIII livres ; pour la ville de Vaussaillon, XII livres ; pour la ville de Cressy dessus Nougent, XV livres ; pour la ville de Guny, IX livres et XVI sols parisis ; pour la ville de Courson pour chacun feu, XVIII deniers ; item pour la ville d'Andelain, VI livres ; pour la ville de Bertaucoucourt, LXVIII sols ; pour la ville de Monceau-les-Leups, VI livres ; item pour les villes de Vaudesson, de Pont-Saint-Mard et de Mareuil, n'est à nous aucun accroissement de rente offert, pour ce qu'elles sont assés ou trop chargées de rentes que elles nous doivent d'ancienneté. Sur laquelle requeste nous avons eu grand advis et meure délibéracion à nos amés et nostre conseil, par diverses et plusieurs foiz, et sur ce nous sommes bien et dilligemment informez et faicte bonne et souffisante informacion, par laquelle informacion nous avons véritablement recognu que pour destruire et mettre au néant la dicte coustume et usaige, et en franchissant nos dictes villes et tous les habitans d'icelles présens et avenir, comme requis est en prenant le prouffit à nous offert par les diz habitans, que en ce fesant seroit noz prouffiz grans et pourfitables, veu et sceu par nous que le proffit à nous offert, comme dit est, nous est et devra estre à touz jours et à nos hoirs et successeurs, plus pourfitable et honorable que les dictes mortes mains et fourmairiaiges ne sont, ne pourroient estre au temps avenir; et par ce aussi sera et demoura plus abundans en peuple et devra estre par raison; et aussi nostre dicte terre et pays cultivés et labourés et non demourans en riez, et par conséquens à nous et à nos successeurs plus valable; sachent tous que nous qui avons eu meure et grant délibéracion aux choses dictes bien acertenez de nostre droit et proffit, la dicte coustume et usaige en tant comme en nous est, destruisons et mettons au néant perpétuelment et à touz jours, et tous nos dictes villes dessus nommées estant à nostre haulte justice et domaine et à tous les habitans demourans en icelles et tous ceulx qui au temps avenir y demourront ou venront demourer, nous franchissons du tout, de toutes mortes mains et fourmairiaiges et leur donnons pleine et entière franchise; et à chacun d'eulx perpétuelment à touz jours tant pour estre clerc comme pour avoir tous aultres estats de franchise; sans retenir à nous servitude ne puissance de acquérir servitude aucune sur eulx, ne aucun d'eulx au temps présent ne au temps advenir, ne à nos hoirs ou successeurs, ne à aultres personnes quelconques, en retenant à nous ledit proffit et rente perpétuelle à nous offer comme dit est ; laquelle rente perpétuelle retenue par nous, nous mettons dès maintenant en nostre domaine et en nostre propre héritaige et nostre droit fief de nostre baronnie, laquelle nous tenons du roy nostre sire, retenu à nous le droit et poursuite seur nos bourgeois habitans et communs de nostre comté de Soissons, et appartenance, tout ainsi et au tel droit que avoient et ont eu nos devanciers, contes de Soissons, avant ce que la dicte conté à nous apartenist. Toutes lesquelles choses et chacune d'icelles nous promettons loyaument et par nostre foy tenir fermement de point en point à touz jours perpétuelment, sans aler ne faire aler à l'encontre par nous, ne par aultres et garandir à touz jours ; et seur l'obligacion de touz noz biens et des biens de nos hoirs et successeurs quelconques meubles, non meubles, présens et avenir ; et seur l'obligacion dessus dicte, renonçons à ce que nous puissions dire que nous soïons d'iceux en faisant les choses dessus dictes et à tout ce qui pourroit grever ou nuire aux choses cy-dessus devisées ou aux dits habitans et par espécial au droit disant, général renonciacion non valoir : toutes lesquelles choses dessus dictes nous avons fait et faisons, se il plaist au roy nostre sire, auquel seigneur nous supplions en tant que nous povons que nous accroistre et proffiter le fief que nous tenons de luy, comme dessus est dict, il veille confirmer, loer et aprouver les choses dessus dictes ; et volons et accordons et sur l'obligacion dessus dicte, que tous *vidimus* et copies qui se feront de ces présentes et des lettres qu'il plaira au roy nostre sire bailler sur ce, faites sur scel autentique vaillent autant, en tout cas comme seroient et faire pourroient le propre original. En tesmoing de ce, nous avons scellé ces présentes lettres de nostre propre scel, qui furent faites l'an MCCCLXVIII ou mois d'aoust. (1)

Cette charte fut enregistrée à la Chancellerie de France et confirmée par le roi Charles V au mois de novembre suivant.

Aux termes de cette charte, Folembray avait donc une redevance de 11 livres à payer annuellement, c'est-à-dire environ 1,782 francs de notre monnaie. Cette somme devait être bien lourde, alors que l'argent était si rare et que la ville imposée comptait à peine soixante ou soixante-dix feux par suite d'une émigration de sept années ;

(1) Recueil des Ordonnances, tom 5.

mais si la France comme on l'a trop dit depuis, est assez riche pour payer sa gloire, chaque commune l'était assez déjà pour payer sa liberté.

Faut-il s'étonner qu'Enguerrand ait mis tant de lenteurs dans l'affranchissement de ces vingt-deux villages? Non, car on ne doit pas perdre de vue que le serf, le vilain, *taillable à mercy de la teste aux pieds*, constituaient une partie de la seigneurie, et qu'en l'affranchissant, on amoindrissait la fortune du possesseur. Mais s'il était naturel qu'Enguerrand hésitât à s'appauvrir, quoique l'affranchissement lui créât des revenus plus fixes, il était bien naturel aussi que les communes réclamassent sans cesse, leurs libertés si souvent promises. L'état des serfs, en effet, était des plus déplorables : incapables de posséder, ils appartenaient tout entiers à leurs maîtres qui pouvaient les tenir en prison, soit à tort, soit à raison, et n'en répondaient à personne, *fors à Dieu*. Comme l'esclave d'autrefois, ils n'étaient qu'une *chose*, un *meuble* dont le seigneur trafiquait selon son bon plaisir, et on ne sait que trop combien ce droit du plus fort fit de victimes jusqu'à l'affranchissement des communes.

Les mains-mortables étaient mieux traités que les serfs et avaient le droit de posséder. Ils obtenaient ce droit en payant une rente annuelle assez lourde, proportionnée à leur fortune ou plutôt aux caprices ou aux besoins du seigneur. De plus, celui-ci se réservait de choisir à la mort d'un main-mortable, le meuble le plus précieux de sa maison, et s'il ne trouvait rien à son goût, on coupait la main droite du défunt et on la présentait au seigneur en lui disant que cette main ne le servirait plus : d'où l'expression de *main-morte*.

La liberté du mariage n'était pas non plus dégagée de toute entrave; l'article 22 de la paix octroyée aux habitants de Coucy, et qui faisait loi pour toutes les villes et communes de la baronnie portait : « Les hommes de la paix pourront choisir leurs épouses, dans quelque famille que ce soit, mais il ne leur sera pas permis d'entrer sans le consentement de leur seigneur, dans des familles appartenant à des paroisses en dehors de la paix, ou dans des familles de chevaliers, résidant dans l'enceinte de cette paix. »

On comprend combien fut grande la joie des populations affranchies de toutes ces servitudes ; c'était pour toutes les communes et en particulier pour celle de Folembray, dont le curé était alors le seul homme libre, une nouvelle vie qui commenaçait une sorte de résurrection. Désormais on était libre, libre d'arroser de ses sueurs le champ qui devait donner le pain de chaque jour, libre de léguer à ses enfants la maison dans laquelle on espérait mourir, libre enfin de ne plus expirer sur la glèbe, sous le fouet du seigneur.

Folembray eut bientôt encore à bénir Enguerrand. La guerre venait d'éclater entre la France et l'Angleterre (1369), et Charles V avait fait un pressant appel aux seigneurs du royaume. Enguerrand, allié au roi d'Angleterr dont il avait épousé la fille pendant sa captivité, et en même temps sujet et vassal du roi de France, était embarrassé de la conduite à tenir dans cette circonstance. Serait-il traître à son roi? Serait-il traître à son beau-père? Après bien des indécisions et des lenteurs, voulant ménager à la fois les deux rois, il prend le parti de rester neutre et de quitter la France : les hommes d'armes de la seigneurie de Coucy furent donc, pour cette fois, dispensés de courir les hasards de la guerre. Pendant ce temps, les troupes anglaises, sous la conduite de Robert Knolle, étaient entrées en France ; e les avaient ravagé la Picardie, incendié Ham, Péronne, Saint-Quentin, Noyon, Chauny, « toutefois, nous dit Froissart, la terre du seigneur de Coucy demeura toute en paix, ni oncques les Anglais n'y forfirent à hommes, ni à femmes. » Robert Knolle avait défendu à ses troupes de commettre aucun méfait sur les propriétés d'Enguerrand à cause de son alliance avec le roi son maître et de sa neutralité en face des deux rivaux.

Un corps de l'armée ennemie, fort de 20,000 hommes, passa à Folembray en se rendant à Soissons, dont ils voulaient faire le siége : ils furent vaincus par Raoul, oncle d'Enguerrand.

C'est vers cette époque qu'il faut placer la construction de l'église de Folembray que l'imprévoyance et l'incurie devaient faire écrouler cinq cents ans plus tard. Cette église élevée sous le vocable de Saint-Pierre remplaçait la vieille chapelle construite sous les Mérovingiens et dont le titre avait été donné par l'église de Reims, au prêtre Ferter, en 750 environ. Nous pensons que cette antique chapelle avait été construite sur le même emplacement qu'occupa l'église élevée au xive siècle et qu'occupe encore l'église actuelle : pourquoi, en effet, Enguerrand en 1209, et François en 1525, auraient-ils évité de comprendre dans l'enceinte des murs de leur château cette petite partie du monticule sur lequel ils .aient leur habitation, sinon parce que l'église occupait déjà cet emplacement, et qu'en construisant leurs somptueuses demeures, ils voulaient respecter la maison de Dieu ?

La nouvelle église fut construite avec toute la richesse et l'ornementation du xive siècle : son portail était surmonté d'une flèche hardie dont la pierre blanche et finement sculptée se dressait fièrement au-dessus du château des Enguerrand. Deux lions de pierre, rappelant le souvenir des sires de Coucy, seigneurs de Folembray, dont les libéralités faisaient probablement les frais de cette nouvelle construction, se tenaient accroupis contre le portail.

A l'intérieur, ses voûtes mesuraient 35 pieds sous clé ; la nef avait 90 pieds de longueur et se terminait en abside. Une voûte moins élevée, mais semblable à celle de la nef, surmontait l'abside, qu'éclairait une grande fenêtre ogivale.

Les nefs latérales étaient également voûtées ainsi que les deux chapelles formant transepts ; celle de droite était dédiée à la Sainte Vierge, celle de gauche à Sainte Anne. Sous ces deux chapelles et sous le sanctuaire et le chœur, on avait préparé des caveaux pour les sépultures privilégiées.

A cette époque, on enterrait souvent dans les

églises, touchant usage, emprunté aux premiers
âges du christianisme, alors qu'on célébrait les
Saints Mystères sur les tombeaux des martyrs.
Le prêtre qui avait passé toute sa vie à l'ombre
du sanctuaire, ne quittait pas le temple où si souvent il avait prié ; le religieux qui n'avait connu
que sa règle et son cloître ; l'enfant de chœur
lui-même trouvaient une place auprès de l'autel ;
la veuve qui avait partagé son pain avec de plus
pauvres qu'elle ; le croisé qui s'était armé pour
Jésus-Christ ; l'architecte qui élevait nos superbes
cathédrales ; l'ouvrier qui construisait nos modestes
chapelles, demandaient une place dans la maison
du Seigneur, et toutes ces générations étaient là,
muettes, sous l'œil de Dieu, attendant, pleines
d'espérance et de foi, l'heure du dernier réveil.

Vers la fin de l'année 1392, le château de
Folembray dut avoir pour la première fois la visite d'un roi. L'infortuné Charles VI, accompagné
du sire de Coucy et de quelques autres seigneurs,
de Guillaume de Harcigny, célèbre médecin de
Laon, et du poëte Eustache Dechamps, promenait
dans la Picardie sa royale démence, cherchant
dans les voyages un soulagement à son mal. On
lui fit visiter, nous dit la chronique, le château de
Coucy et ceux des environs. Pendant ce temps,

les grands du royaume se réjouissaient de pouvoir se placer encore à la tête des affaires, et le peuple pleurant l'infortune de son jeune roi, remplissait les églises, criant au ciel miséricorde et pitié.

Vingt ans après, Charles VI mourait, laissant à la France des malheurs. . . . . . et un jeu de cartes.

CHAPITRE VII

1400-1515

SOMMAIRE : Vente de la seigneurie de Folembray au duc d'Orléans. — Assassinat du duc d'Orléans. — Bourguignons et Armagnacs. Création d'un « four aux vitres; » son emplacement. — Le domaine de Folembray passe à la couronne.

Enguerrand, sire de Coucy, comte de Soissons, seigneur de Folembray, de La Fère, de Saint-Gobain et de cent cinquante autres villes et villages, venait de mourir prisonnier en Bythinie, sans laisser d'héritier direct. Sa mort était une grande perte pour la France qu'il avait vaillamment défendue pendant quarante ans ; c'était une grande perte aussi pour ses sujets, si toutefois le portrait que nous en laisse Froissart est exact :

« Tous ceux qui le voyaient, dit-il, le prisaient pour les grâces et vertus qui reluisaient en lui, tant pour sa grande sagesse et prudence, ou son éloquence et riche parler, que pour ses vaillances et faits généreux de force et de magnanimité incroyables, dont il était admirable à tous. »

De son premier mariage avec la fille du roi d'Angleterre, Enguerrand avait eu Marie de Coucy, qui avait épousé Henri, duc de Bar ; ce jeune seigneur, plein de bravoure, mourait près de Venise, emporté par la peste. Ces immenses possessions tombaient donc aux mains d'une femme qui n'avait pas assez de fermeté pour administrer par elle-même un pareil domaine. Louis, duc d'Orléans, profitant de cette circonstance, voulut en devenir le possesseur et commença auprès de Marie une guerre d'obsessions continuelles et de fatigantes importunités qu'elle n'eut pas la force de repousser. Après trois ans de luttes, il parvint à lui arracher une promesse de vente qu'il convertit en acte authentique.

« A tous ceux qui ces présentes lettres verront, Jehan, seigneur d'Estourville, chevalier, conseiller et chambelan du roy nostre sire, garde de la prévosté de Paris, salut. Savoir faisons que haut et puissant seigneur, Monseigneur Loys, fils du roy de France, duc d'Orléans, d'une part, et noble et puissante dame, madame Marie de Coucy, fille et héritière de feu noble et puissant seigneur, Monseigneur Enguerrand, jadis seigneur de Coucy, d'autre part, font par ces présentes d'une partie à l'autre, les vente, transport et convenances qu'y s'ensuyvent : c'est assavoir la dicte dame, considérant que les dites seigneuries, villes, chateaulx, ne peut transporter plus seurement, que en la personne du dit Monseigneur le duc d'Orléans, transporte les dictes terres, seigneuries et baronnye de Coucy, Foulembray, Sainct-Aubin, La Fère, Saint-Goubain... pour luy, ses hoirs et ayant cause, ceste présente vente, pour le pris et la somme de quatre cens mille livres tournois...

« Faictes, passées et accordées le lundy quinzieme jour de novembre, l'an de grâce mille quatre cents. » (1)

Marie de Coucy se réservait « l'usufruict des fruicts, proffit, revenues et esmoluments quelzconques et portions d'iceux biens. » (2)

Malgré la régularité apparente de ce contrat, Louis d'Orléans craignait les poursuites en annulation de vente, que Robert de Bar, fils de Marie

---

(1) Archives nationales, t. domaniaux, q. 1. c, 7.
(2) Ibid.

de Coucy, pouvait lui intenter. Dans cette prévision, il obtint du roi l'érection de sa nouvelle terre en pairie pour lui et ses hoirs de légitime mariage. Cette nouvelle pairie, d'après les lettres patentes qui furent délivrées le 21 décembre 1400, comprenait « les villes et lieux de Foulembray, et de Saint-Aubin ; les ville, chasteau et chastellenie de La Fère, sur Oise... avec toutes leurs appartenances. » (1)

Les habitants de Folembray regrettèrent-ils leurs anciens seigneurs? Eurent-ils un souvenir de reconnaissance pour le dernier Enguerrand qui les avait relevés de leurs servitudes? La reconnaissance publique va rarement jusque-là, mais quoiqu'il en soit, ils n'eurent pas à se louer d'un changement de maitre, qui bientôt allait leur apporter de nouvelles souffrances.

L'acquisition du domaine des Enguerrand n'avait pas épuisé la fortune du duc d'Orléans : le nouveau seigneur acheta encore toutes les propriétés particulières, nouvellement construites dans l'enceinte de la ville et qui n'appartenaient pas à l'ancienne baronnie. Ces diverses acquisitions s'élevèrent à près de quatre-vingt mille

(1) Arch. nationales. t. domaniaux. q. 1. c. 7.

livres tournois. Le 18 avril 1406, nous trouvons un « acte de vente entre le duc d'Orléans et Jehan Crespelet, demourant à Foulembray, d'une maison, granges, estables, jardin et appentis, situés à Coucy, moyennant la somme de 80 livres tournois. » (1)

Le duc d'Orléans, seigneur de Folembray, ne jouit pas longtemps de sa baronnie : quelques années après, en 1407, il était assassiné à Paris, au sortir de chez la reine, par les ordres du duc de Bourgogne. « Par force et abondance de coups, fut abattu de sa mule, et sa tête toute pourfendue par telle manière que la cervelle chut dessus la chaussée. Encore là, le retournèrent et martelèrent si terriblement, qu'il mourut piteusement sur place. » (2) La jalousie, l'ambition et des rivalités scandaleuses avaient été le mobile de ce crime.

La triste et longue querelle des Bourguignons et des Armagnacs commençait ; le duc de Bourgogne fait déclarer ennemis de la France, Charles, fils du duc d'Orléans, et tous ses partisans que conduit le comte d'Armagnac. En même temps, un *host*, fort de 60,000 hommes et de 1,200 canons,

---

(1) Titres domaniaux, c. 7.
2) Monstrelet.

qu'on chargeait avec des pierres, s'avance sous les murs de Coucy que défend Robert d'Esnes. Conduite par le comte de Saint-Pol, l'armée bourguignonne reprend Roye, Ham, Chauny, que les Armagnacs ont mis à feu et à sang, et se répand dans les villages qui avoisinent Coucy ; Folembray, Verneuil et Nogent accueillent avec joie les soldats et les saluent comme leurs libérateurs (1410).

Ces villages n'avaient pas à se louer, en effet, de la conduite des Gascons à l'écharpe blanche, que le comte d'Armagnac avait appelés et qui signalaient leur présence par de sauvages atrocités. La Picardie tout entière et une partie du Vermandois avaient été dévastées par ces gens d'armes ; des députés de ces malheureux pays furent envoyés au conseil du roi : « Très-doux prince, dirent-ils, la campagne va bientôt être déserte et vide d'habitants. Les gens de guerre ont pillé leurs hôtes, enfoncé les coffres, maltraité les filles et les femmes. Il y a surtout une troupe de Gascons que le comte d'Armagnac a amenés et qui ont pris et saccagé les villes qu'ils ont traversé. » (1) L'arrivée de l'host de Jehan

---

(1) Le religieux de Saint-Denis.

de Bourgogne fit rentrer les Gascons dans la place de Coucy. Les villages délivrés eurent encore à fournir de lourdes et nombreuses réquisitions, mais au moins n'étaient-ils les plus victimes d'une rapacité et d'une cruauté qui ne connaissaient pas de bornes.

Le siége de Coucy dura quatre mois ; le comte de Saint-Pol fait sommer Robert d'Esnes de rendre la forteresse au roi, mais Robert répond qu'il a juré fidélité au duc d'Orléans et qu'il ne rendra la place que sur son ordre exprès et formel. Saint-Pol fait alors pratiquer les mines, ce fut la première fois, dit-on, qu'on employa en France ce nouveau moyen de renverser les murailles. (1) La poudre fut impuissante, mais trois mois après, le manque de vivres et de munitions obligea Robert d'Esnes à capituler ; il sortit avec armes et bagages. Coucy et Folembray appartenaient au duc de Bourgogne.

Nous ne voyons nulle part que Charles d'Orléans ait essayé de reprendre sa forteresse de Coucy, ni sa chatellenie de Folembray ; du reste, il avait remis le soin de sa défense au comte d'Armagnac, qui pensait avant tout à sauvegarder ses intérêts

---

(1) Hist. de Coucy. Melleville, p. 141.

et à venger ses propres ressentiments. La baronnie de Coucy resta deux années au pouvoir des Bourguignons, qui la dévastèrent ; ce fut probablement à cette même époque que le château de Folembray, endommagé déjà par les Jacques en 1358, vit achever sa ruine sous le marteau des vainqueurs ; triste effet de ces haines de partis qui ont toujours fait plus de mal à la France que le fer de l'étranger.

Enfin, le duc d'Orléans et Jean-sans-Peur, fatigués eux-mêmes de la guerre, pressés surtout par le roi qui avait recouvré pour un temps quelques lueurs de raison, signèrent la paix à Auxerre (1412) ; une des conditions de ce traité stipulait que Coucy, Folembray, Saint-Aubin, Saint-Lambert seraient rendus au duc d'Orléans. Cette paix, hélas! n'était pas définitive, le sang allait couler encore.

Henri V, roi d'Angleterre, profitant des troubles qui divisaient la France, venait de lui déclarer la guerre. Le Dauphin appelle à sa suite le duc d'Orléans qui lève des troupes pour grossir l'armée royale : le combat s'engagea auprès du petit village d'Azincourt, en Artois, on sait quelle en fut la fatale issue. Le duc d'Orléans, blessé, fut retrouvé sous un monceau de cadavres.

Pendant ce temps, le duc de Bourgogne, oubliant l'intérêt de la France pour ne penser qu'à ses rancunes, conduit encore une armée sous les murs de Coucy, dont il s'empare traîtreusement en 1419. Cette dernière déloyauté lui fut funeste, et quelque temps après un coup de poignard qui vengeait celui qu'avait reçu Louis d'Orléans, rendait aux légitimes possesseurs la terre de Coucy dont les Anglais allaient s'emparer à leur tour. Elle resta en leur pouvoir jusqu'à ce qu'il plût à Dieu de susciter la bergère de Domrémy, chargée de sauver la France et de la rendre à son roi.

Ce ne fut qu'après vingt-cinq ans de captivité que le duc d'Orléans, seigneur de Folembray, fut rendu à la liberté ; les populations de sa baronnie l'accueillirent avec enthousiasme. Tout entier aux populations loin desquelles il était si longtemps resté, le duc d'Orléans s'appliqua à faire disparaitre les traces d'une si longue invasion, développant le commerce, encourageant l'industrie.

Folembray eut une part toute spéciale dans l'intelligente protection du duc qui le dota d'un *four aux voirres*.

A cette époque, et même à une époque beaucoup plus éloig   les environs de Folembray possédaient   des fours à verre ; lorsqu'en l'année

661, le roi Childéric II détacha du domaine royal la terre de Barizis, en faveur de Saint-Amand, cette terre possédait un four à verre ; deux cents ans plus tard (863), cette verrerie existait encore et le verrier s'appelait Ragenulf. (1) Au commencement du XVe siècle, Charles-Fontaine, petit hameau dépendant de Saint-Gobain, avait aussi son four à verre, et nous voyons qu'en 1530, Marie de Luxembourg le donne à Etienne et à Jean Brossart, pour y faire revivre le fourneau de verrerie de la forêt de Saint-Gobain.

Voici le seul document qui se rapporte à la création du four à verre de Folembray :

« Extrait du compte de Grouchet, receveur du domaine de Coucy, appartenant à Monseigneur le duc d'Orléans, en 1442.

« Mondit seigneur le Duc a assez près de Folambray, en sa terre et seigneurie du dit Coucy, un four aux voirres, lequel sous les causes déclarées en ses lettres patentes scellées du scel, données audit Coucy, le treizième jour de novembre, l'an mil quatre cent quarante-et-un, il a baillé à Pierre Brion et Jacquemin Brion, son

---

(1) Notice sur Barizis-aux-Bois, par M. Matton, archiviste du département de l'Aisne.

fils, voirriers, le terme et espace de vingt-et-un ans à compter du dit treizième jour de novembre aux us et aux coustumes anciens et aincy qu'il suit :

« C'est à savoir, ils tiendront le dit four pour en faire leur proffit, le dit terme durant dont pour cause des frais qu'il leur a convenu et conveura mettre pour remettre sur icelui four, ils doivent avoir les deux premières années, années davantage.

« Et pour les dix-neuf années suivantes, ils doivent et sont tenus payer chacun la somme de 10 livres, 10 sols tournois, à commencer le premier terme de ce payement le 24e jour d'avril qui fa l'an mil quatre cent quarante-trois, en jouissant des franchises et liberté dont voirriers doivent jouir.

« Et aussi, pourront prendre bois servant au dit four, au plus près d'ycelui four, sans abattre chênes, merlins, pommiers et autres arbres portant fruits, en appelant le gouverneur de mondit seigneur, au dit Coucy, ou son lieutenant pour voir et être présent prendre ce dit bois.

« Et avec ce, pourront tenir en leurs maisons pour le gouvernement d'eux, vingt-cinq bêtes à cornes, dix-huit pourceaux et quatre chiens pour la garde du dit four, sans faire d'yceux chiens aucun fait de chasse. » (1)

Ce *four aux voirres* fut construit dans la basse forêt, dans la partie dite les Fontinelles, entre l'allée du Chèvremont et la chaussée Brunehaut. Des traces de construction qu'on y voyait il y a cinquante ans, des briques enduites d'une couche de verre qu'on y trouve encore ; un chemin ferré débouchant sur la chaussée Brunehaut ; une fontaine qui a gardé le nom de Fontaine du Four, tout indique bien clairement qu'il ne faut pas chercher ailleurs l'endroit qu'a occupé cette première verrerie.

Un ancien titre du 4 juillet 1444 vient, d'ailleurs, à l'appui de ce que nous avançons : « Permis aux habitants de Barizis, de faire paitre leurs bestiaux jusqu'au four aux voirres, près la carrière du Couppet. » (2)

La position de ce four avait été des mieux choisies : construit dans la partie basse de la forêt, plusieurs sources, dont quelques-unes subsistent encore, lui fournissaient l'eau nécessaire ;

---

(1) Archives de la Verrerie.

(2) Titre appartenant à M. Guilbert, Jules, propriétaire à Pierremande.

« sans abattre chênes, merlins, pommiers et autres arbres portant fruits, » la forêt lui procurait les bois de construction et de chauffage ; « au plus près d'ycelui four, » on trouvait les sables destinés à la fonte, et sa proximité de la chaussée Brunehaut, qui était alors la seule voie praticable aux pesants véhicules, favorisait singulièrement l'écoulement de ses produits.

Cependant, malgré tant d'avantages apparents, cette première verrerie ne semble pas avoir pris beaucoup d'extension, et soit manque de ressources, soit manque d'une impulsion intelligente, l'œuvre de Pierre et de Jacquemin Brion ne put se soutenir longtemps. Ce qui l'indique, c'est l'absence même des documents, alors que jusqu'à la fin du XVe siècle, c'est-à-dire jusqu'à l'avénement de Louis d'Orléans au trône, nous pouvons suivre pas à pas la famille d'Orléans, à l'aide des comptes de leurs gouverneurs et de leurs fermiers, conservés aux Archives nationales, et où sont spécifiés leurs différents revenus, avec les propriétés et les quelques établissements qui en étaient la source.

L'industrie verrière, du reste, au moins pour nos pays, paraît être restée longtemps dans une sorte d'enfance, et cet état s'explique facilement.

Quoique ces fours à verre fussent loin d'avoir l'importance qu'ils ont maintenant, leur création et leur entretien ne nécessitaient pas moins une mise de fonds assez considérable et difficile à trouver. La noblesse seule possédait, et une loi lui interdisait sous peine de dérogeance, de faire aucun commerce connu. Les nobles eux-mêmes aimaient mieux s'adonner au métier des armes et courir les chances des combats, et ce n'est qu'après les guerres de Religion, les luttes de la Ligue, les troubles de la Fronde et les interminables campagnes de Louis XIV qui les auront fatigués et appauvris, qu'ils demanderont à l'industrie le moyen de relever leur fortune. Jusque-là, c'est-à-dire jusque vers la fin du XVIIe siècle, l'art verrier languit et ce n'est qu'à cette date qu'on le voit grandir et s'élever pour ne plus retomber.

La verrerie de Folembray perdit bientôt son premier protecteur; le duc d'Orléans mourait le 14 janvier 1465, dans sa 75e année. Il avait consacré à ses vassaux les dernières années de sa vie, qui s'écoulèrent dans son château de Coucy: il aimait à s'occuper de leurs intérêts et consacrait à la poésie tous ses loisirs. On a de lui un recueil de ballades qui témoignent d'un véritable talent et accusent un sens moral très-remarquable, en même temps qu'un tour de phrase original.

Louis II d'Orléans hérita des domaines de son père et devint seigneur de Folembray ; mais en 1498, le nouveau seigneur montait sur le trône sous le nom de Louis XII, et le domaine de Folembray passait à la couronne.

Nous donnons à la fin de ce chapitre et seulement pour mémoire, deux actes trouvés aux Archives nationales. (1. A. Tit. dom. q. c. 7.)

26 Avril 1479. — Acte par lequel Jaqmart Destrées, demeurant à Folembray, reconnait avoir pris à titre de rente, une pièce de terre, sise audit Folembray, cy-devant appartenant à Jacob Destrées, et Jacques Leroy, laquelle est à présent en riez, située derrière les murs du parc de Folembray et tenant lisière au dit parc et au bas de Haute-Avene.

26 Janvier 1485. — Bail passé par devant J. de Domay, clerc, commis royal à Coucy-le-Chastel par lequel Gobin Dufay reconnait avoir reçu de la duchesse d'Orléans, la quantité de trois jalois de terre, tenant aux terres du curé de Pierremande.

CHAPITRE VIII

1515-1591

SOMMAIRE : La Renaissance. — François Ier reconstruit le château de Folembray — Edits qu'il date de Folembray. — Henri II. — Marie de Hongrie fait incendier le château de Folembray. — Vengeance d'Henri II. — Henri III donne la terre de Folembray à Diane de Valois. — Retour de ce domaine à la couronne.

François Ier qui venait de succéder à Louis XII, employait utilement les loisirs de la paix ; il avait commencé le Louvre dont les rois devaient successivement se léguer l'achèvement, jusqu'à ce que la fureur et la folie de quelques incendiaires viennent détruire en une seule nuit l'ouvrage de trois siècles ; il avait fait construire Saint-Germain, Madrid, Fontainebleau, où le ciseau de Jean Goujon et la palette de Primatice devaient multiplier les chefs-d'œuvre ; Chambord, le cadeau de baptême d'un roi sans trône et presque sans patrie ; Villers-Cotterêts qui, après avoir vu les splendeurs et les fêtes de la cour de France, abrite maintenant l'infortune. Seigneur de Folembray, François Ier voulut aussi relever son domaine et doter notre pays d'un château royal.

A cette époque, l'architecture religieuse décroissait pour ne plus se relever ; çà et là elle jetait encore quelques reflets brillants, derniers souvenirs d'une gloire mourante, mais elle allait quitter les temples sacrés pour embellir les demeures seigneuriales qu'elle devait transformer. Les seigneurs jusqu'ici, presque toujours en lutte avec le roi ou avec eux-mêmes, avaient eu besoin pour se défendre, de forteresses qu'ils s'efforçaient de rendre imprenables ; de là ces courtines épaisses, ces donjons formidables, ces souterrains secrets, ces fossés, ces poternes, ces machicoulis et ces mille moyens de défense dont ils hérissaient leurs habitations. La part qui revenait à l'architecture était donc tout entière dans l'organisation de la résistance. Mais plus tard, quand la poudre et le canon vinrent battre en brèche les murs des demeures seigneuriales, quand l'autorité du roi chaque jour grandissant, rendit les barons plus soumis et les populations moins disposées à souffrir les abus de l'âge féodal, les seigneurs renoncèrent à leurs forteresses, devenues inutiles, et se bâtirent des demeures moins sévères. Ils aimaient à y retrouver les étroites tourelles, les couronnements aigus, les pavillons saillants, les murs crénelés ; c'étaient autant d'ornements pour le château et pour le châtelain, autant de souvenirs d'un passé qu'il ne devait plus revoir. Ces demeures seigneuriales construites pour la plupart dans ce nouveau style auquel on donna le nom de Renaissance, servirent de transition entre le manoir féodal du moyen-âge et la maison de plaisance du siècle dernier.

C'est dans ce style que François Ier fit relever le château de Folembray, au lieu même qu'avait choisi Enguerrand III en 1209. (1)

Il était divisé en deux parties irrégulières et on arrivait dans chacune des deux parties par une double porte que défendaient ou plutôt qu'embellissaient quatre tours d'inégale hauteur.

Le pavillon du sud devait être celui du roi ; derrière ce pavillon se trouvait une terrasse dont on a retrouvé le mur il y a quelques années. Ce mur avait 3 mètres de hauteur et 1 mètre 50 d'épaisseur ; un escalier en pierre conduisait dans la grande cour du château et de là dans le parc.

Le pavillon du roi était relié au pavillon nord par un corps de bâtiments dans lesquels devaient

---

(1) Voir la gravure qui se trouve en tête de ce volume et que nous devons au crayon de M. Michaud, de la *Verrerie* de Folembray.

se trouver les écuries et le chenil ; en arrière, on voyait une terrasse où l'on descendait dans les jardins par deux escaliers de pierre.

Nous avons dit déjà que la chapelle Saint-Nicolas, construite par Enguerrand, avait seule échappé à la ruine et au vandalisme, et que François Ier en avait remplacé le dallage par des carreaux vernis et fleurdelysés, au milieu desquels on voyait son chiffre.

Un bois de plus de soixante-dix arpents et qui n'avait pas vu la hache depuis l'année 1376, entourait ce château, où bien des richesses de toute nature devaient être entassées.

Le domaine de Folembray mesurait cent dix arpents : trois cents ans plus tard, il se partageait ainsi :

	Arp.	Perch.
Le grand parc ou bois de futage,	64	35
Le petit parc,	7	72
Aunois,	18	50
Pré,	5	79
Terres labourables,	6	77
» »	1	33
Estang,	5	82
Total du parc :	110	28 [1]

[1] Arch. nation. Sec. q. c. 11. Dressé par Denis Capperon, arpenteur, en 1776.

François Ier aimait le séjour de Folembray ; il y venait à l'époque des chasses avec sa favorite, Madame de Châteaubriand, pour y courir le daim, le chevreuil et le sanglier, si communs dans la basse forêt de Coucy.

Trois édits de François Ier portent la date de Folembray :

Octobre 1545 — Edit qui supprime la charge de grand chancelier de France, vacante par le décès de Charles de France, duc d'Orléans.

21 Novembre 1546. — Edit qui défend aux agents et serviteurs des princes et seigneurs, de suivre la cour et d'y avoir des correspondances en chiffres ou caractères inusités, sous peine de confiscation.

26 Novembre 1546. — Edit qui fixe le taux des vivres et règle l'établissement des Mercuriales.

L'année suivante, le royal seigneur de Folembray mourait dans la force de l'âge, 28 janvier 1547, laissant, malgré ses fautes et ses revers, un grand nom dans l'histoire.

Nous retrouvons Henri II, son fils et son successeur, au château de Folembray, d'où il date l'édit suivant :

Août 1552. — Edit confirmant les priviléges

accordés par les rois de France aux avocats du roi, en son châtelet de Paris.

Mais de tristes jours allaient s'élever encore pour Folembray et éclairer la sanguinaire vengeance d'une femme. Marie, reine de Hongrie, qui prodiguait ses faveurs à un seigneur de sa cour, apprit avec un singulier dépit que les soldats de Vendôme chansonnaient sa bienveillance pour son jeune favori. Saisie de fureur, elle envoie aussitôt le comte de Rœux, seigneur de Crouy, à la tête d'un détachement des troupes impériales, porter le fer et le feu dans toute la Picardie.

Près de huit cents villages furent incendiés : les Impériaux s'attaquaient surtout aux châteaux, et celui de Folembray qui montrait avec orgueil la pierre blanche encore de ses pavillons et de ses tourelles, fut pillé de fond en comble et livré aux flammes vers le 15 octobre de l'année 1552.

Nesles, Noyon, Chauny, Lesdins subirent le même sort ; une complainte d'un bourgeois de Noyon, sur les malheurs dont la Picardie eut tant à souffrir, nous a été conservée : nous en donnons quelques extraits qui feront connaître l'étendue de ces désastres et l'immensité des regrets dont ils furent la cause :

Que diras-tu, ô triste roy Henry,
Lorsqu'adverty seras de ma souffrance;
Ton cueur enflé sera triste et marry,
Qu'ainsy péril est ton pays de France.

Viens écouter mes nobles pastauriaulx,
En leurs pipeaux jectez dolorieux crys.
Au temps jadis chantaient leurs chalumeaulx,
Mais sans tropeaux on les voit par monceaux
Souz des obeaux les ungs morts, aultres vifz;
Mes parqs floris sont plain de corps pourris.
Jusque à Paris, on ouy la doléance,
Dont à jamais sera mémoire en France.

Tu vois mes sœurs, Nelles, Roye et Chaunys,
Encre Capy venir à paurrefin;
Ton pavillon tant noble et enrichiz,
Est obscurcy des grand feu et noircy;
Et tout razés jusque au rez du chemin,
Tu vois Hes lin, ville, parq et jardin.

Que dicte-vous, ma noble sœur Chaunys,
Par les champs mis sont vos gentils jongheleurs,
Tous vos faiseurs de beaux esbas musnis.
Ils sont unis à jecter cris et pleurs,
Vos bons joueurs faisant rire les cueurs
Des grands seigneurs par leurs farses et jus,
Leurs jonghleries et esbas sont mys jus.

> Où êtes-vous, les saiges de Paris ?
> Gens sans esprit en ténèbres bouté,
> Lors hébétés d'avarice surpris.
> Où est Clovis, Clotaire et Saint-Loys ?
> Que ne sont-ils à présent suscité,
> Pas ne eust été brûlée ma cité. (1)

Cette barbare expédition ne resta pas impunie ; Henri II ne pouvait oublier l'injure faite à son royaume, à son domaine et au château de son père. Quelques années après, il conduisit une armée dans les Pays-Bas, prit et brûla Bouvines, Dinant et Binch ; il se dirigea ensuite vers Mariemont, séjour de la reine Marie, que l'art et la nature s'étaient plu à embellir, et vengea l'incendie de Folembray par l'incendie de la maison royale. Au milieu des débris de cette somptueuse demeure, Henri fit placer cette inscription : « Royne insensée, souvieng-toi de Follembray. »

Nous pensons que c'est au roi Henri II qu'il faut attribuer la restauration du château de Folembray ou plutôt la reconstruction des parties les moins endommagées de l'édifice qui, quoique gardant encore le nom de château, ne fut plus à proprement parler qu'un rendez-vous de chasse.

(1) Com. Arch. de Noyon. t. 1. p. 9.

En 1576, Henri III donna la terre de Folembray à Diane de Valois, duchesse d'Angoulême, fille naturelle et légitimée du roi Henri II, mais Diane étant morte sans laisser d'héritier, le domaine fit pour la seconde fois retour à la couronne.

CHAPITRE IX

1591-1700

SOMMAIRE : Henri IV à Folembray. — Ah ! la folle en braie ! — Lettres d'Henri IV et divers édits datés de Folembray. — L'assemblée du clergé envoie des députés à Folembray. — Traité de Folembray. — En quel endroit eut lieu la soumission de Mayenne ? — Les Espagnols à Folembray. — Vente du fief Madame. — Vente des débris du château à l'abbaye de Nogent. — Folembray est donné en apanage à la famille d'Orléans.

Paris avait ouvert ses portes au Béarnais, mais la plus grande partie de la Picardie restait au pouvoir des Ligueurs, que commandait le duc de Mayenne. Coucy et Folembray cependant s'étaient soumis au roi, au mois de mai 1594 ; ce fut quelques jours après cette soumission qu'Henri IV entreprit le siége de Laon.

La duchesse de Beaufort, plus connue sous le nom de belle Gabrielle, accompagnait le monarque aventureux et léger auquel elle allait donner bientôt un fils. Le roi qui se trouvait à l'étroit dans le village où il campait près de Laon, écrivit au marquis d'Haraucourt, seigneur de Longueval, pour lui recommander sa maîtresse ; il le priait de veiller sur elle et sur l'enfant auquel elle devait donner le jour. C'était au château de Folembray ou au château de Verneuil, appartenant au marquis d'Haraucourt, qu'Henri envoyait Gabrielle.

Le seigneur de Longueval n'accepta pas cette mission, que tant de courtisans eussent enviée; il accompagna même son refus d'un blâme énergique à l'adresse du roi. La duchesse de Beaufort dut se retirer chez le Mayeur de Coucy, où elle accoucha d'un fils qui reçut le nom de César de Vendôme.

Ce fut à cette même époque qu'Henri IV enleva un convoi considérable d'artillerie, envoyé par les Espagnols pour le ravitaillement de la place de Laon. « Le roi, nous dit Sully, fit partie d'aller dîner à Saint-Lambert, maison dépendante du domaine de Navarre, et située au milieu de la forêt. Nous l'accompagnâmes au nombre de trente : comme il avait passé la nuit précédente à visiter les tranchées, les batteries et les mines, il s'endormit aussitôt qu'il eût dîné. Il faisait alors un chaud extrême; nous allâmes chercher le frais au plus épais de la forêt de Folembray. Bientôt nous aperçumes distinctement, à huit cents pas devant nous, une colonne d'infanterie, escortant un convoi considérable d'artillerie. Nous revînmes brusquement sur nos pas et trouvant le roi qui, à son réveil, secouait un prunier dont le fruit nous avait paru délicieux : Pardieu, sire, lui dîmes-nous, nous venons de voir passer des gens qui vous préparent bien d'autres prunes et un peu plus difficiles à digérer, si vous ne montez promptement à cheval pour aller donner ordre à votre armée. » (1)

Le roi n'en entendit pas davantage et envoya des courriers pour prévenir la garnison de Laon, qui put facilement s'emparer du convoi.

Henri IV aimait à venir se reposer à Folembray auprès de Gabrielle, des fatigues et des ennuis du siége de La Fère, qui dura six mois, de novembre 1595 au mois de mai de l'année suivante. Il était ordinairement accompagné de Sully, du maréchal de Biron, du connétable de Montmorency et de quelques officiers de sa maison.

On raconte qu'un jour, après avoir laissé sa belle maîtresse en pleurs, pour retourner à Travecy, où était son quartier-général, celle-ci du haut d'une tourelle du château, agitait son mou-

(1) Mémoires de Sully, 1595.

choir pour saluer une dernière fois son royal amant. Henri qui l'aperçut : Oh ! la folle en braie ! dit-il à son entourage.

Quelques dictionnaires historiques en rapportant ce jeu de mots, le donnent comme première étymologie du nom de Folembray ; les auteurs de ces dictionnaires n'auraient pas dû oublier que Folembray avait déjà son nom depuis près de huit siècles.

Une tradition qui n'a rien d'invraisemblable, attribuait comme résidence à Sully, un pavillon situé sur l'emplacement de l'Hôtel-de-Ville, et qui avait gardé le nom de pavillon de Sully. Ce vaste corps de logis, l'un des derniers souvenirs des résidences royales de Folembray, se liait au château par un pont de bois, retombant sur une des tourelles qui flanquaient le mur d'enceinte. On a voulu voir dans cette tourelle qui n'a disparu que depuis soixante ans environ, le lieu de rendez-vous dans lequel Henri IV et la belle Gabrielle se voyaient en secret, mais outre que les deux amants eussent été fort à l'étroit dans cette tour peu spacieuse, on sait que le roi traitait en public la duchesse de Beaufort plutôt comme sa femme que comme sa maitresse, et qu'à cette époque déjà, l'entourage tout entier du roi, excepté Sully, traitait également Gabrielle en reine.

Nous avons trouvé dans le recueil des Lettres missives d'Henri IV, publiées par les soins du ministère, dix-huit lettres envoyées du château de Folembray : nous en donnons ici une analyse succincte.

13 Décembre 1595. — A M. de Bourdeille, sénéchal et gouverneur du Périgord. — Lettre de créance pour le sieur de Cachat, capitaine de la Porte.

16 Décembre. — A la ville de Chaumont. — Ordre de rendre cinq milliers de salpêtre et de poudre, destinés à la ville de Troyes, et que les autorités de Chaumont ont retenus.

23 Décembre. — A la ville de Metz. — Regrets de ne pouvoir acquitter les avances faites par la ville pour l'entretien de la garnison.

28 Décembre. — A un Seigneur Anglais. — Cette lettre qui a trait à quelque machination ourdie auprès de la reine d'Angleterre, pour décrier le roi, présente plusieurs lacunes et n'offre pas un sens suivi.

3 Janvier 1596. — Au Parlement de Paris. — Lettre de créance au sieur Donnet, chargé de surveiller la levée des subsides dans l'intérêt des habitants.

13 Janvier. — A la ville de Metz. — Envoi de M. de Bussy, contrôleur général des finances, pour s'entendre avec la ville au sujet de l'entretien de la garnison, et pour fournir aux moyens de défendre la ville.

14 Janvier. — A la ville de Metz. — Le roi se réfère à celle de la veille et assure de nouveau les Messins de toute son affection.

15 Janvier. — A M. de Brèves. — Instructions diplomatiques pour féliciter le sultan de ce qu'il se met en personne à la tête de son armée contre la Hongrie.

16 Janvier. — A M. de Maisse. — Nouvelles de Provence. Instruction sur les faux bruits de paix que fait courir l'ennemi, dans l'intention de brouiller le roi avec ses alliés.

24 Janvier. — A la ville de Lyon. — Avis de l'ordre de faire payer au sieur Régnaut ce qu'il a prêté à la ville de Lyon pendant qu'il était échevin.

28 Janvier. — Au gouverneur et au conseil de la cité de Gênes. — Ordre de recevoir Jacques Maremo, en qualité de consul malgré les oppositions.

3 Février. — A la ville de Bayonne. — Nomination du comte de Grammont, comme gou-

verneur de Bayonne, en remplacement du sieur de la Hellière.

9 Février. — A la ville et au canton de Soleure. — Envoi d'un à-compte de 2,000 censes, dues au capitaine du canton.

11 Février. — A la ville et au canton de Berne. — Lettre analogue à celle du canton de Soleure.

Du même jour. — A M. de Maisse. — Recommandation d'un gentilhomme portugais se rendant à Venise, pour entreprendre le voyage de Jérusalem.

12 Février. — A la ville de Compiègne. — Annonce que S. M. fera acheter 150 muids de blé à Compiègne, et ordre de faire le relevé du blé actuellement dans cette ville.

Du même jour. — (Nous donnons toute cette lettre à cause de son peu de longueur.) A mon compère le connétable de France. — Mon compère, il y a un de mes griffons qui vous a suyvi ou quelqu'un des vostres. C'est le petit moucheté à deux nez. Je vous prie de le faire chercher, et s'il se trouve, me le renvoyer et vous tenir prest ; car je ne faudray à vous manquer si tost que j'auray advis certain des ennemis. A Dieu mon compère. Ce XIj Février.

14 Février. — Plaintes au sujet des invectives

dont on a assailli les fermiers des impositions. (1)

Henri IV data aussi de Folembray le « privilège accordé à Jamet Mettayer et Pierre l'Huillier, imprimeurs et libraires du roy, la permission d'imprimer ou faire imprimer et mettre en lumière le présent livre intitulé : *Les ressources de la France*, revues et augmentées, par Estienne Pasquier, conseiller et advocat général du roi en la Chambre des comptes. — 24 Décembre 1592. » (2)

Enfin, les deux édits suivants, datés également de Folembray, trouvent ici leur place :

12 Janvier 1596. — Edit fixant les droits de chasse et confirmant l'édit de François Ier sur le même sujet.

21 Janvier. — Edit royal octroyant les lettres de provision de l'office d'amiral de France, en faveur de Charles de Montmorency.

Un accident qui pouvait avoir les suites les plus funestes eut lieu à Folembray, dans le courant du même mois. Le roi avait amené avec lui sa sœur, malade depuis quelques semaines et à laquelle les médecins avaient ordonné un changement d'air

---

(1) Recueil des Lettres missives de Henri IV, t. 4, *passim*.

(2) Communiqué par M. Martin Marville.

en même temps que le séjour à la campagne. Le mardi 23 janvier, Henri était auprès de la malade, lorsque le plancher de la chambre vint à s'écrouler subitement, excepté fort heureusement l'endroit où se trouvait le lit de la princesse, « sur lequel, pour se garantir, le roi fut contraint de se jeter. » L'*Etoile* qui rapporte ce fait, ajoute que la cour regarda comme « petit miracle » le danger auquel venait d'échapper « la personne du roy, laquelle Dieu préserva miraculeusement cette fois comme tant d'autres. » (1)

Ce fut au commencement du mois de janvier qu'Henri IV reçut à Folembray une députation du clergé, à la tête de laquelle se trouvait le savant François de la Guesle, archevêque de Tours. (2) Depuis le commencement des troubles de la Ligue, un grand nombre d'abbayes et plusieurs évêchés étaient demeurés vacants ; l'Eglise avait perdu la liberté d'élection de ses dignitaires et le concile de Trente, promulgué par toute la catholicité, n'était pas encore reçu en France. Le roi accueillit avec grande bienveillance les députés ecclésiastiques, promit de leur donner

---

(1) Journal de l'Etoile, t. 3, p. 153.

(2) Ibid, p. 235.

satisfaction aussitôt que les affaires du royaume lui en laisseraient le temps, et se recommanda lui et sa cause aux prières du clergé. La députation l'assura de ses bonnes dispositions et offrit en même temps au monarque appauvri, une somme de 130,000 francs pendant dix ans. (1)

Henri tint ses promesses, et le 22 février, il datait de Folembray un édit « levant la défense faite d'aller prendre à Rome les bulles et provisions apostoliques des bénéfices et siéges vacants. »

Cependant, un événement d'une très-haute importance qui changeait la face du royaume, allait laisser bientôt Henri IV seul maître de la France. Mayenne avait fait sa soumission et avec lui presque tous les chefs de la Ligue : cette soumission, vivement désirée par le roi, adroitement ménagée par la duchesse de Beaufort, commandée du reste par les événements, reçut sa sanction définitive à Folembray, par un traité resté célèbre dans l'histoire (31 janvier 1596.)

Les conditions de ce traité durent faire regretter à Mayenne et à ses partisans d'avoir tant retardé leur accommodement. Le roi, en louant le zèle de Mayenne pour la religion, « l'affection

---

(1) Dom Le Long. p. 464.

qu'il a montrée à conserver le royaume en son entier, duquel il n'a fait ni souffert le démembrement lorsque la prospérité de ses affaires semblait lui en donner quelques moyens, » lui accordait ainsi qu'à ses adhérents, amnistie pleine et entière pour le passé, révoquait tous les jugements et arrêts portés contre lui et ceux de son parti, ratifiait tous les actes d'autorité civile, exercés par Mayenne, payait toutes ses dettes de guerre, lui allouait une somme de 3,580,000 livres, valant aujourd'hui environ 13,000,000 de francs de notre monnaie, et lui laissait trois places de sûreté pour six ans : Soissons, Châlons-sur-Saône et Seurre.

Mayenne vint quelques jours après trouver le roi pour lui rendre ses obéissances. « Le duc de Mayenne aborda le roi qui se promenait à l'entrée du parc, mit un genou en terre et l'assura de sa fidélité. Henri IV qui avait été à sa rencontre, l'embrassa trois fois, le releva, et l'embrassa de nouveau, puis le prenant par la main, le promena dans son parc. Le roi marchait à si grands pas, que le duc de Mayenne, également incommodé de la sciatique, de sa graisse et de la chaleur qu'il faisait, le suivait à grande peine et souffrait cruellement sans oser en rien dire. Henri s'en aperçut et voyant le duc tout en sueur, il dit à voix basse à Sully qui l'accompagnait : — Si je promène encore longtemps ce gros corps-ci, me voilà vengé sans grande peine de tous les maux qu'il nous a faits. Dites-le vrai, mon cousin, en se tournant vers le duc de Mayenne, je vais un peu trop vite pour vous ? — Mayenne lui répondit qu'il était prêt d'étouffer. — Touchez là, mon cousin, reprit le roi en riant et en l'embrassant encore, car pardieu ! voilà toute la vengeance que vous recevrez de moi. »

Cette scène si piquante et qui met à découvert la touchante bonhommie et la douceur pleine de franchise et de brusquerie du roi populaire, nous est rapportée par Sully ; elle se passa, d'après ses Mémoires, au château de Monceaux, séjour habituel et propriété de Gabrielle.

Malgré toute la confiance que nous inspire Sully qui fut témoin de cette scène, nous ne serions pas éloigné de penser qu'il a fait une erreur en la plaçant à Monceaux, lorsque le rapprochement des textes et des dates semble la placer à Folembray.

« Dès le temps que Sa Majesté était à Amiens, le duc lui avait envoyé un nommé Estienne, pour lui demander en quel lieu elle aurait agréable qu'il vint lui rendre ses obéissances, et elle l'avait remis à Monceaux par égard pour l'incommodité du duc qui ne lui permettait plus d'aussi longs voyages que celui d'Amiens à Soissons, où il faisait sa résidence. »

Et d'abord nous n'avons nulle part qu'Henri IV ait séjourné à Amiens dans les quelques semaines qui ont précédé la soumission de Mayenne (31 janvier 1596); nous ne nions pas qu'il ait pu y faire un voyage précipité, mais les dates des lettres citées plus haut prouvent que le roi, du 13 décembre au 14 février, fait sa résidence ordinaire à Folembray. Or, comment Mayenne qui habite Soissons et qui se sait à cinq lieues de Henri IV, choisira-t-il le moment où celui-ci se trouvera à Amiens, c'est-à-dire à plus de vingt-cinq lieues, pour lui faire demander en quel lieu il peut aller lui rendre hommage? De plus, comment Henri qui veut épargner un long trajet à Mayenne, l'envoie-t-il de Soissons à Monceaux, distant de près de vingt lieues, pendant que Folembray, où le roi va se trouver bientôt, n'est qu'à cinq lieues de la résidence du duc?

On dira peut-être que Mayenne a pu faire sa

(1) Mémoires de Sully, livre X.

soumission avant le séjour de Henri IV à Folembray, c'est-à-dire avant le 13 décembre.

Mais peut-on admettre que le roi qui désire depuis si longtemps la soumission du chef de la Ligue, attendra plus de six semaines, jusqu'au 31 janvier, pour faire connaître cet acte si important, acte qui doit amener la soumission de tout le parti rebelle et rendre la paix à la France? Non, l'intérêt du roi commandait au contraire, la prompte publication de l'accommodement de Mayenne.

Dira-t-on que le duc a fait cette soumission après le 14 février, dernière date du séjour de Henri IV à Folembray, et qu'alors rien n'empêche plus qu'elle n'ait eu lieu à Monceaux?

Nous répondrons qu'il nous paraît invraisemblable que Mayenne ait attendu si longtemps à venir jurer fidélité au roi, lorsque le traité de Folembray l'a solennellement réconcilié avec lui depuis quatorze jours. Et du reste, l'*Etoile* détruit cette objection par le fait suivant : « Le dimanche 11 février 1596, le roi estant à Folembray, M. de Maienne fit présent à S. M. d'un fort beau cheval, estimé plus de mille écus. » (1)

(1) Journal de l'Etoile, t. 3, p. 158.

C'est qu'ils étaient donc déjà réconciliés, et si, d'une part, cette réconciliation n'a pu se faire avant le 31 janvier, si, d'autre part, elle avait eu lieu le 11 février, il est difficile d'admettre que la scène rapportée plus haut se soit passée à Monceaux. En effet, le roi est à Folembray le 3 février, ainsi que le prouve la date de sa lettre à la ville de Bayonne, il y est le 9, date de sa lettre au canton de Soleure, il faut donc admettre que la soumission de Mayenne eut lieu pendant les cinq jours qui séparent ces deux dates. Or, est-il vraisemblable que Mayenne enverra un courrier à Amiens, recevra la réponse du roi et partira immédiatement à Monceaux, pendant que Henri IV s'y rendra également, fera près de quarante lieues pour aller recevoir la soumission de Mayenne et lui faire faire sa promenade accélérée, rentrera à Folembray après un nouveau trajet de vingt-cinq lieues environ, et tout cela en cinq jours, alors qu'il est difficile, même pour les princes, de voyager très-rapidement, alors que Henri IV « a égard pour l'incommodité du duc qui ne lui permettait plus d'aussi longs voyages, » et nous ajoutons d'aussi précipités.

N'est-il pas beaucoup plus naturel de regarder Folembray, où le roi a signé son traité de paix avec le chef de la Ligue, comme le lieu de leur réconciliation? Et ne peut-on pas penser que Sully, écrivant ses Mémoires quelques années après les événements qu'il raconte, a pu faire une erreur sur le nom du pays?

Toutefois et malgré ce que ces suppositions peuvent avoir de vraisemblable, nous ne prétendons pas trancher la question que nous avons cru devoir soulever ; nous avons voulu seulement être complet et donner à nos lecteurs le récit d'une scène qui était la suite nécessaire du traité de Folembray.

En février 1596, Henri IV data de Folembray un « édit qui supprime les offices de jaugeurs, marqueurs et mesureurs de vins précédemment créés et qui crée de nouveaux offices. »

Quatorze ans plus tard, un furieux immolait à sa haine celui de tous nos rois qui eut peut-être le plus à cœur la gloire de la France et le bonheur de ses sujets ; tout en réprouvant ses faiblesses, l'histoire a pardonné au Béarnais, dont elle a respecté l'auréole, pendant que la postérité, exagérant ce jugement, a fait de Henri IV le type du roi populaire que la légende, souvent même au détriment de la vérité, s'est plu à embellir encore.

Le coup de poignard de Ravaillac qui plongeait la France dans le deuil, fit renaître au cœur des Espagnols de chères espérances et raviva d'anciennes ambitions que l'habileté de Henri IV avait toujours trompées. Vaincus, alors qu'ils grossissaient les rangs de la Ligue, la politique de Richelieu, sous Louis XIII, devait les vaincre sans recourir aux armes, mais au commencement du règne suivant, ils vinrent ajouter aux troubles de la France en se mêlant aux Frondeurs. Ils envahirent le Cambrésis, presque toute la Picardie et une partie du Valois. Pendant quatre années, de 1641 à 1653, Folembray fut ravagé par des passages successifs d'ennemis dont l'indiscipline était notoire; dans les premiers jours de juin 1649, son château fut transformé en caserne et laissé à peu près inhabitable. Le détachement qui l'avait occupé quitta Folembray le 16 juin, vers huit heures du soir, et alla faire irruption dans l'abbaye de Nogent. L'auteur de la Chronique de ce monastère nous apprend que le pillage dura jusqu'à quatre heures du matin, et compare ces ennemis à une meute de chiens enragés se jetant indistinctement sur ce qu'ils rencontrent. (1)

(1) Chronique de Nogent. p. 189.

Les habitants de Folembray, ruinés par ces quatre années de réquisitions et de pillages, résolurent alors de vendre les Usages Madame, qu'ils possédaient en fief. La contenance de cette propriété était de 18 jallois 20 verges (7 hectares 45 ares 64 centiares) ; ses limites étaient d'une lisière de midi et d'un bout d'orient aux terres labourables de la ferme du Pignon, d'autre lisière au septentrion de la forêt basse de Coucy, triage des Hautes-Avesnes, et d'autre bout d'occident aux bois de la ferme de Longueval. (1)

La vente eut lieu le 16 février 1653, au profit du marquis d'Haraucourt, seigneur de Longueval, moyennant une somme de 546 livres tournois. Quelques années après, en 1667, un édit royal permit aux communes de rentrer sans aucune formalité de justice dans leurs biens, aliénés depuis 1620, pour quelque cause que ce soit, en remboursant aux acquéreurs ou à leurs ayant-cause, le prix desdites aliénations.

La commune de Folembray ne profita de cette loi que plus tard et décida en 1772 qu'elle rentrerait dans son ancienne propriété des Usages Madame ; à cet effet, une assignation fut faite au

---

(1) Archives de la commune.

sieur de Champeaux, héritier du marquis d'Haraucourt, avec offre du remboursement et des intérêts. Cette assignation resta sans effet ainsi que les négociations reprises dans la suite et qui se continuèrent jusqu'en 1840, avec la famille de Rozeville, héritière de la famille de Champeaux.

Pendant ce temps, le pavillon principal du château venait de s'écrouler : Louis XIV qui préférait à la retraite de Folembray les splendeurs de Versailles et la fraîcheur du Trianon, fit mettre en vente les démolitions de ce vaste corps de logis. (1)

« On fait assavoir que sur la mise à prix fait par Antoine Berleu, marchand, demeurant à Chauny, de la somme de quatre cens livres tournois aux bois restant du gros pavillon fondu du chasteau de Folembray, mesme ceux qui restera des planches d'ycelluy soit qu'il soit fondu ou encor en estat à la réserve des quarreaux et fers qui se trouveront dans icellui pavillon.

« Plus au bois entièrement du battiment qui est à desmolir au corps de logis qui donne sur le jardin du dit chasteau à la réservation aussy des

(1) Voir au N° 11 des Pièces justificatives le procès d'adjudication que nous devons à l'obligeance de M. Matton, archiviste du département.

ardoizes qui se trouveront sur le comble que l'adjudicataire sera tenu de faire dettacher à ses dépens du fer et des quarreaux qui se trouveront.

« Et tous les thuiles qui se trouveront en galleries de jeu de paulme du dit chasteau à la réserve pareillement du fer et des quarreaux qui se trouveront en icelluy, seront par nous vendus et adjugez au plus offrant et dernier enchérisseur, affin que si quelqu'un y veut enchérir il y sera receu.

« Dellivré le trentiesme octobre 1664.

« Signé : SAUVAIGE. »

Claude Boullanger, menuisier à Coucy, se rendit acquéreur au prix de 600 livres tournois, des ruines mises en adjudication, et déclara qu'il avait agi au nom de l'abbaye de Nogent : dom Hilarion Pluelt, procureur du monastère, reconnut et signa l'acte de vente.

Bientôt la terre de Folembray cessa d'appartenir au domaine royal; Louis XIV la donna (1672), en même temps que celle de Coucy, à son frère le duc d'Orléans, pour augmenter son apanage. Par suite de cette donation, le marquisat de Folembray devint une propriété particulière, relevant seulement du roi et dont le duc d'Orléans et ses héritiers furent les seigneurs jusqu'en 1792.

Nous terminons ce chapitre par les trois notes suivantes, qui n'ont d'autre mérite que celui de montrer avec quelle minutie nous avons recherché tous les faits intéressant l'histoire de notre pays. Ces notes sont extraites des Archives de l'église de Bichancourt :

1610. — Payé à Jehan Lévesque, tireur de pierres à Folembray, la somme de dix-huit livres, sur et en tesmoing de ce qu'il est tenu nous livrer, par l'estat du marché qui est passé entre luy et la ditte église.

1775. — Payé à M. le curé de Follembray, soixante-dix livres, pour des pierres qu'il a vendu pour ayder à faire la sacristie.

Ibid. — Payé à la veuve Thiroux, de Follembray, vingt-six livres dix sols, pour des pierres qu'elle nous a vendu pour faire la sacristie. (1)

---

(1) Communiqué par M. Parmentier, curé de Bichancourt.

CHAPITRE X

1700 - 1789

SOMMAIRE : Etablissement d'une verrerie dans les ruines du château. — La noblesse verrière. — Thévenot fonde la verrerie du Vivier : il y établit une chapelle. — Inventaire du linge de la sacristie. — Revenus de la cure de Folembray. — Reconstruction de la tour de l'église. — Dom Bernard.

« Le duc d'Orléans concède aux sieurs Bégon, Channevelle et de la Pommeraye, la jouissance des ruines du château de Follembray pendant trente années et de six arpents ou environ qui sont entre le château et le parc, pour y établir une grosse verrerie et y fabriquer des cristaux et lustres, à la charge de payer une fois 3,000 livres et 300 livres de redevance annuelle. — Février 1700. » (1)

Cet acte confirmé par lettres patentes du 22

---

(1) Archives nationales. Titres domaniaux, liasse 20.916.

septembre de la même année, était l'arrêt de mort définitif de l'ancienne résidence royale : les riches et vastes salles maintenant tristes et délabrées, sont converties en dépôts de billettes ou de sable, et les ruines des boudoirs dorés des favorites abritent les nouveaux travailleurs. Étrange vicissitude des choses humaines !

La concession des ruines du château de Folembray aux trois associés cités plus haut et dont un, le sieur de la Pommeraye, était noble, nous amène à dire un mot de la Noblesse verrière, dont on a beaucoup parlé. Qu'était-ce donc que cette Noblesse et suffisait-il d'embrasser l'état de verrier pour devenir gentilhomme et obtenir des titres de noblesse ?

Plusieurs écrivains ont accepté ce sentiment et l'ont fait accepter presque partout. Déjà à la fin du XVIIIe siècle, le poète Maynard, dans une épigramme contre saint Amand, avait dit :

> Votre noblesse est mince,
> Car ce n'est pas d'un prince
> Daphis, que vous sortez.
> Gentilhomme de verre,
> Si vous tombez à terre,
> Adieu vos qualités.

L'épigramme du poète ne peut faire autorité en pareille matière, pas plus que les assertions sans preuve de quelques auteurs qui se répètent, car une loi aussi ancienne que la Noblesse même, défendait aux Nobles, et cela sous peine de dérogeance, de faire aucun des commerces alors connus. Sully fulmine dans ses Mémoires contre ceux qui tenteraient de s'allier à des familles, « où le change, la boutique, le comptoir et la chicane seraient en usage. » Et pourtant les Nobles, ruinés par les longues luttes de Henri IV, avaient besoin de rétablir leur fortune épuisée, et en s'insurgeant contre ces alliances, le fier et trop rigide ministre nous montre bien la nécessité de remédier à cette loi devenue impraticable. Malgré les réclamations du même ministre, qui soutenait encore que « les fortunes si rapides et si brillantes des traitants et autres gens d'affaire dégradaient si fort la Noblesse française, » il fallut ouvrir une carrière nouvelle aux gentilshommes et leur permettre de rétablir leur fortune sans forfaire à leur rang.

Une industrie, alors inconnue en France, se chargea de concilier les intérêts de la Noblesse avec les exigences de la loi. Cette industrie venait d'apparaître sous le nom de « Compagnie pour le commerce des Indes-Orientales, 1604 : » comme ce commerce n'avait jamais existé, il ne tombait pas sous la loi qui ne s'occupait que des industries déjà créées. Henri IV confirma cet établissement par un édit en date du 1er juin, et cet édit accordait aux gentilshommes la permission d'entrer dans cette association sans déroger. (1)

Bientôt Louis XIV apparait, et avec lui, un demi-siècle de combats et de succès, mais si ces succès illustrent le grand roi et le grand siècle, ils ruinent singulièrement la Noblesse qui ne peut vivre avec ses seuls parchemins. Le privilége accordé par Henri IV à la Compagnie des Indes, est concédé par Louis XIV aux verriers, et les Nobles, en donnant à cette industrie une nouvelle extension, reconstruiront leur fortune et doteront la France d'établissements utiles.

Mais on le voit, il ne s'agit que de la Noblesse, et non pas de ce qu'on appelait alors la *roture*. Les Nobles, en se livrant à l'industrie privilégiée, ne dérogent pas. « Du Noyer, écrit Louis XIV, peut prendre des associés même nobles et ecclésiastiques, sans qu'ils dérogent à Noblesse. » (2)

---

(1) Mémoires de Sully, liv. 16. n. 17.
(2) Art. 2 du privilége accordé pour la création de la manufacture de Saint-Gobain, 1665.

Là se borne la faveur royale ; quant aux autres, quant à ceux qui ne sont pas nobles, ils n'ont rien à espérer et ils n'auront d'autre titre de noblesse que celui de bon ouvrier, de parfait travailleur, noblesse incomparable et mille fois plus précieuse, puisqu'elle est le prix du mérite personnel et qu'elle est à l'abri de tout retour fâcheux.

« La grosse verrerie, » fondée à Folembray pour y fabriquer des cristaux et lustres, changea de destination : on y fit du verre à vitre. C'est ce qui résulte de la lecture des actes de l'état-civil dans lesquels on trouve, de 1700 à 1707, la mention suivante, ajoutée aux noms d'Adrien Parizy et d'Estienne Ricard, que l'on rencontre plusieurs fois : Ouvriers à la manufacture de vitres ou de verre à vitres.

Ce fut vers l'année 1707 qu'on laissa la fabrication de verre à vitres pour tenter celle des bouteilles : des fouilles opérées sur l'emplacement de cette verrerie ont mis à découvert les assises d'un four, la place des creusets, des fragments de moules ; on a trouvé aussi une *carquaise* ou four à recuire, parfaitement intacte, qui contenait des tessons de bouteilles d'un verre mince et très-foncé. Ce four n'exista que pendant deux années, au bout desquelles les sieurs Bégon, Channevelle et de la Pommeraye durent probablement résilier leur bail et renoncer à une profession qui les avait appauvris.

A cette époque, Gaspard Thévenot, bourgeois de Paris, possédait au hameau du Vivier, une *cense* assez importante et dont le fermier, en 1697, s'appelait Claude Blanchard. Actif et intelligent, Thévenot, qui avait suivi avec intérêt la création de la verrerie dans les ruines du château, résolut de poursuivre l'œuvre des trois premiers sociétaires et d'établir un nouveau four auprès de sa ferme. Cet emplacement, qui, par sa position tout exceptionnelle, assurait à la fois au nouvel établissement le sable, l'eau et le bois, se trouvait à quelques mètres à peine de la chaussée Brunehaut et sur la route de Coucy à Chauny; c'était alors la situation la plus avantageuse qu'il fut possible de trouver pour un établissement de cette nature. Thévenot adressa une demande d'autorisation au duc d'Orléans qui lui délivra le brevet suivant, daté du 31 janvier 1709 :

« Aujourd'hui, trente-et-uniesme jour de janvier 1709, Monseigneur, petit-fils de France, duc d'Orléans, de Valois, de Chartres et de Nemours, et Montpensier, estant à Paris, voulant grattifier et traitter favorablement le sieur Gaspard

Thévenot, ayant esgard à la très-humble prière qu'il lui a faite de vouloir bien consentir qu'il fasse construire et establir une verrerie dans une maison nommée le Vivier, appartenant au dit Thévenot, près le chasteau de Follembray, scituée dans le marquisat de Coucy, pour y fabriquer des bouteilles et carafons à la manière d'Angleterre, S. A. R. a consenty et consent que le dit Thévenot fasse construire et establir la dite verrerie au dit lieu nommé le Vivier, pour y fabriquer des bouteilles et carafons de verre seulement à la manière d'Angleterre, à l'exclusion de tous autres. M'ayant mondit seigneur pour tesmoignage de sa volonté, commandé d'en expédier audit Thévenot, le présent brevet ensuite duquel sera expédié toutes lettres patentes sur ce nécessaire que S. A. R. a signé de sa main et fait contre-signer par moy, secrétaire de ses commandements.

« PHILIPPE D'ORLÉANS. — DOUBLET. (1) »

Ce brevet, qui restreignait la fabrication aux bouteilles et carafons à la mode d'Angleterre, fut modifié par un autre brevet en date du 24 avril 1717, qui permettait au sieur Thévenot la fabri-

(1) Archives de la Verrerie.

cation de « toutes autres sortes d'ouvrages de verrerie. »

Thévenot fit venir de Neuvilly (Meurthe) d'habiles verriers parmi lesquels furent Louis Féret, dont le fils, Guillaume Féret, devait prendre trente ans plus tard la direction de la verrerie, Jean Meunier, Didier, Gigault, Louis Ganon, Oudinet et Govin. Tous les ouvriers de la verrerie du Vivier, par un arrêt du roi en son Conseil d'Etat (9 août 1712), étaient exempts de tailles, de logements de guerre, de guet et de garde.

L'intelligent fondateur inventa alors ou au moins perfectionna tellement un genre de bouteilles, qu'on lui donna son nom, et pendant quelque temps, on ne se servit à Paris et dans tous les environs que des *thévenottes* de Folembray. On conserve religieusement dans les bureaux de la direction une de ces bouteilles fabriquées par Thévenot lui-même en 1720.

La verrerie du Vivier prit alors une extension rapide et se plaça de prime abord parmi les meilleures verreries à bouteilles : quarante ans après sa fondation, Bosc d'Antic, dans un ouvrage sur la fabrication du verre, pouvait dire déjà : « Je ne connais en France que trois verreries où l'on fasse de bonnes bouteilles : Follembray, dans la forêt de Coucy, Anor, dans le Hainaut français, et Sèvres, près Paris. » Cette place, la verrerie de Folembray la garde toujours et maintenant encore plus que jamais, par le fini de sa fabrication, par la multiplicité de ses produits, par le dévouement et l'intelligence de son administration, elle est considérée comme un des meilleurs établissements de ce genre en France.

En 1725, Thévenot fit construire dans l'intérieur de la verrerie, une chapelle que vint bénir Mgr de la Fare, évêque, duc de Laon, le 18 juin de la même année. « Ayant fait visite de la chapelle nouvellement construite en la dite verrerie, ayant trouvé qu'elle était bien située, d'une structure convenable, bien éclairée et bien décorée, pourvue de vases sacrés, livres, linges et ornements propres et nécessaires, pour y offrir le Saint Sacrifice avec toute la décence requise, avons fait la bénédiction de la dite chapelle en l'honneur de la Sainte Epiphanie de N. S. ensemble des linges et ornements, avec les prières ordinaires et accoutumées. » (1)

Thévenot mourut à Paris en 1729, la verrerie du Vivier devait lui survivre et perpétuer la mé-

(1) Archives de la Verrerie.

moire vénérée de son fondateur. Sa veuve céda au sieur Guillaume Féret « la maison du Vivier, ensemble les fourneaux, bâtiments, meubles et outils y étant nécessaires à la dite verrerie. »

Par un brevet daté de Compiègne, le 17 juillet 1793, le duc d'Orléans, marquis de Folembray, accordait au nouveau propriétaire et à ses hoirs ou ayant-cause, « les mêmes droits ou prérogatives dont avait joui le sieur Thévenot, pendant le temps de trente années, à commencer à la date des présentes ; permettant en outre au dit Féret de se dire notre verrier et de faire apposer ou besoin sera, le panonceau de nos armes, conjointement avec celles du roy, notre très-honoré seigneur. » (1)

La verrerie du Vivier portait depuis 1715 déjà le titre de Verrerie Royale.

Vers 1760, Guillaume Féret s'associa de Saint-Mars, conseiller du roi et contrôleur des rentes à l'Hôtel-de-Ville de Paris. Trois ans plus tard, à la mort du sieur de Saint-Mars, Michel Saint-Martin de Valcourt, écuyer, porte-manteau de la reine, marié à Marie-Anne de Saint-Mars, racheta au sieur Féret et aux autres héritiers de

(1) Archives de la Verrerie.

Saint-Mars, l'établissement du Vivier, moyennant 100,000 livres.

La chapelle de la verrerie était desservie par un religieux de Nogent,

Le curé de Folembray était alors L. Fleury ; nous avons de lui l'inventaire du linge de la sacristie, en 1714, et le tableau des revenus de sa cure, en 1728.

Inventaire du linge de la sacristie :

Le drap du crucify,	1 pièce.
Deux grandes hosbes,	2 »
Trois amists,	3 »
Quatre serviettes de toile,	4 »
Cinq lavabos,	5 »
Plus une serviette de toile,	1 »
Huit grandes nappes, cy	8 »
Plus deux lavabos,	2 »
Plus le grand drapeau des Anges,	1 »
Cinq petites hosbes,	5 »
Deux grands surply,	2 »
Total :	35 pièc. (1)

(1) Archives de la commune.

Revenus de la cure de Follembray :

Sur les dimes de Follembray, il est payé la portion congrue de	300 livres.
Douze setiers de terre, affermés pour neuf ans à Marguerite Méresse, à la redevance de	45 »
Cinq fauls moins un quart, que le curé fait valoir	48 »
Obits et fondations,	60 »
Casuel,	10 »
Total :	463 livres.

Le collateur et patron de ladite cure est M. l'abbé de Nogent-sous-Coucy. (1)

Cependant, les ruines du château étaient redevenues silencieuses et désertes, les différents essais de fabrication qu'on y avait faits tour à tour avaient encore ajouté à son état de dépérissement et achevé de rendre inhabitable la plus grande partie de ses constructions. Le marquis de Folembray, Louis-Philippe d'Orléans, vivant habituel-

(1) Archives du département.

lement en Dauphiné, dont il était gouverneur, ne pouvait empêcher la ruine complète de l'ancienne maison royale. En 1758, Maurice de Brossart, lieutenant du roi, capitaine des châteaux de Folembray et de Saint-Aubin (1), envoya au prince un rapport sur l'état des constructions du château de Folembray. Après avoir parlé de l'abandon dans lequel ce château se trouvait forcément et de l'impossibilité d'en rendre désormais habitable la plus petite partie, le rapport concluait à la coupe et à la vente des bois du parc, âgés alors de 80 ans, parce que « n'ayant pas d'espérance que ce château soit jamais rétabli, l'accompagnement d'un parc devient inutile. »

Ce rapport était suivi de la note suivante : « Il y aurait aussi deux choses indispensables à faire :

« 1° Restaurer la chaussée de l'étang du Vivier, dangereuse à traverser, tant par sa défectuosité que par son défaut de largeur, n'ayant pas plus de quinze pieds.

« 2° Adoucir un monticule qui se trouve à la suite de cette chaussée, pour entrer dans la laye

---

(1) François-Maurice de Brossart de Vaudesson, lieutenant du roi, capitaine des châteaux royaux de Folembray et de Saint-Aubin, mourut en 1772; il fut inhumé dans une des chapelles de l'église de Coucy-le-Château, où on voit encore sa pierre tombale.

qui fait le grand chemin de Coucy à Chauny, dont la raideur rend le passage si difficile pour les voitures qu'ils sont obligés souvent de prendre des chevaux d'ayde à Follembray. » (1)

Au printemps de l'année 1772, Dom Bernard, curé, et Pierre-Louis Destrées, syndic, convoquèrent les habitants dans l'église, pour traiter avec eux de la nécessité de reconstruire le clocher qui menaçait ruine. Sa flèche hardie qui, depuis quatre cents ans, dominait toute la vallée de l'Ailette, oscillait aux premiers balancements de ses trois cloches et faisait craindre quelque prochaine catastrophe. On fut d'avis qu'il fallait employer les deniers provenant du quart en réserve des bois communaux, pour élever un nouveau clocher dont les fondements furent jetés dans le courant de la même année. (2)

Le nouveau clocher, ou plutôt la nouvelle tour est quadrangulaire et mesure à sa base dix-huit pieds carrés ; ses murs ont 1 mètre 15 d'épaisseur et quatre-vingt-quinze pieds d'élévation. Deux pilastres faisant saillie, supportent un fronton triangulaire et denticulé, qui couronne l'entable-

(1) Archives nationales. Sect. 9. C. 11.
(2) Ibid.

ment. Au-dessus de la porte placée entre les deux pilastres, se trouve une rosace encadrée dans une guirlande de feuilles de vigne et de laurier grossièrement sculptées, et dont les extrémités retombant de chaque côté, au-dessus du cintre de la porte, forment archivolte.

Deux autres pilastres un peu moins élevés que les premiers et dont le socle repose sur l'entablement, soutiennent une large corniche qui s'avance en saillie au sommet des quatre pans de la tour. Aux quatre angles supérieurs de la tour, reliés entre eux par une balustrade à jour, s'élèvent des acrotères ou piédestaux sur lesquels on a placé nous ne savons trop quel genre d'ornement, d'un goût fort douteux et qui ressemble à quatre énormes boules, légèrement coniques dans leur partie supérieure et surmontées d'une sorte de chapeau.

Deux ans plus tard, le 3 février 1774, lors du partage des bois communaux de Folembray entre tous les habitants, le syndic P.-L. Destrées défendit « de couper les balivaux, devant être employés, à la requête des habitants, en une pointe à flèche de clocher qui reste à élever sur la tour de l'église. » Malheureusement, la requête des habitants resta sans effet, et la flèche si désirable n'est pas venue encore donner un peu de légèreté à cette tour massive, qui attend toujours son couronnement.

Nous devons mentionner ici un incendie considérable qui consuma l'une des deux grandes halles de la verrerie en 1785, ainsi qu'une immense provision de bois. La verrerie fabriquait à cette époque 600,000 bouteilles pendant neuf mois de travail ; elle appartenait à M. Tronson, qui avait épousé Mlle de Valcourt.

L'année suivante mourut le curé Dom Bernard : son souvenir s'est perpétué jusqu'à nos jours dans certaines familles, et plusieurs vieillards nous ont parlé avec une émotion que le temps n'avait pas affaiblie, de sa douceur et de son inépuisable charité. Depuis longtemps déjà, Dom Bernard avait ressenti le germe de la maladie qui le conduisait lentement et douloureusement à la tombe. A plusieurs reprises, il avait dû demander le secours de Dom Minouflet, curé de Guny, pour l'aider dans un ministère devenu trop pénible pour ses forces.

Enfin, au commencement de l'année 1786, le mal fit des progrès rapides, et Dieu exauçant les secrets désirs de son serviteur, lui ouvrit les portes du ciel le 29 juin, en la fête de Saint-Pierre :

Dom Bernard allait solenniser au ciel le patron de son église.

Son corps, revêtu des ornements sacerdotaux, fut exposé pendant trois jours à la vénération des habitants : tous vinrent s'agenouiller et contempler une dernière fois, celui dont ils avaient été pendant près de trente ans les enfants bien-aimés.

L'enterrement eut lieu le 27 juillet : un grand nombre d'ecclésiastiques étaient venus mêler leurs prières et leurs regrets à ceux de la paroisse en deuil. Parmi eux se trouvaient : Dom Godart, chanoine et curé de Saint-Montain de La Fère; Dom Minouflet, curé de Guny; Flamand, curé des paroisses Saint-Gilles de Nogent et de Saint-Sauveur de Coucy ; F. Beaudet, curé de Quincy; Dom Nacqueret, curé de Bichancourt ; Sauvaige, de Coucy-la-Ville; Dom Baragot, de Champs, ainsi qu'une députation des religieux de la prévoté de Barizis.

Dom Bernard ne put trouver place dans les caveaux du sanctuaire, pour y dormir son dernier sommeil, auprès de ses prédécesseurs ; une loi récente venait de réserver ce privilége aux évêques. Il fut inhumé auprès du portail de l'église, lui-même avait ambitionné cette faveur, ne voulant pas quitter le temple où, si souvent, il avait prié, ni la nombreuse famille dont tant de membres déjà l'avaient précédé au lieu du dernier repos.

Avant de mourir, le charitable pasteur n'oublia pas les pauvres dont il s'était montré toujours le bienfaiteur et le père : il leur laissa par testament une pièce de terre située près de Longueval. Cette terre, qu'on appelait *le bien des pauvres*, fut déclarée quelques années après propriété communale et vendue comme telle.

CHAPITRE XI

1789-1799

SOMMAIRE: Révolution française, — Dégâts dans la forêt. — Démission de M. Tronson. — Réunion du Bois-de-Midi à Folembray pour le spirituel.—Bénédiction de trois nouvelles cloches. — Le maire et le procureur économes. — Pillage de l'église. — Augustin Delahègue. — Une première messe.

Un orage formidable grondait sur la France ; les passions du peuple, excitées chaque jour par des pamphlets révolutionnaires et par l'éloquence furieuse de quelques démagogues, se déchainaient avec une violence inconnue jusqu'alors. La royauté, qu'avaient affaiblie les dernières années de Louis XV, était impuissante à détourner la tempête, et Louis XVI, abandonné de la Noblesse et du Clergé, gardait son courage pour l'heure du martyre. On demandait des réformes, on demandait la liberté, et le peuple, impatient de ne pas être servi au gré de ses désirs, s'engagea dans une voie fatale, dont il ignorait lui-même les dangers : la licence lui vint au lieu de liberté, au lieu de réformes, il eut la révolution la plus désastreuse.

Un ordre du roi venait de convoquer les Etats généraux pour le mois de mai 1789 ; le Tiers-Etat s'emparant alors d'une autorité illimitée, s'érige en Assemblée nationale et jure de ne pas se séparer avant d'avoir donné une constitution à la France. La révolution était commencée.

La nouvelle Assemblée inaugura ses travaux par de nombreuses réformes, dont la plupart n'eurent que le tort d'être trop précipitées.

La France fut divisée en départements : le département de l'Aisne, qui garda ses limites, comprit les six districts de Laon, Soissons, Saint-Quentin, Château-Thierry, Vervins et Chauny ; Folembray était du ressort de ce dernier. En même temps, d'autres réformes, la suppression des ordres religieux, la création des assignats, la séquestration des biens communaux et des biens du clergé, portaient le trouble dans les esprits mis en défiance déjà par les événements de la capitale.

Dans les campagnes, on profitait de ce trouble pour insulter les riches, qu'on menaçait tout haut du pillage ; on dévastait les forêts, les taillis étaient arrachés, les arbres étaient abattus ; on organisait des bandes armées pour résister aux gardes. Les communes de Saint-Gobain, de Fresne et de Septvaux firent tant de dégâts, qu'on fut obligé de faire venir des dragons et des artilleurs de La Fère avec quatre pièces de canon pour garder la forêt.

M. Tronson, syndic de Folembray, dut se plaindre aussi de la conduite de ses administrés. « Les usages de notre communauté, dévastée de toutes parts, écrit-il, offrent un aspect effrayant de délit. » (1) Mais la nomination de deux nouveaux gardes ralentit l'ardeur des coupables, et le traitement infligé aux bandes de Saint-Gobain et des pays voisins, ainsi que les condamnations portées par le syndic, mirent fin à ce déplorable état de choses.

Plus tard, au lendemain de la chûte d'un trône qui paraissait puissant, nous aurons de nouveau à constater le même délit ; nos forêts seront encore dévastées, mais alors les délinquants seront d'autant plus coupables qu'ils compteront sur la présence d'un ennemi envahisseur pour s'assurer l'impunité, conduite digne de sévères châtiments,

---

(1) Archives de la commune.

et qui, à nos yeux, est une véritable trahison, puisque c'est faire cause commune avec l'ennemi, pour ajouter aux troubles et aux ruines de la patrie.

Un décret de l'Assemblée venait de créer les maires dans chaque commune et d'abolir les syndics : c'était la même autorité qui changeait de nom, et le dimanche 7 février 1790, les élections faites dans l'église, à l'issue de la messe, donnaient à M. Tronson tous les suffrages. Le premier acte du nouveau maire fut d'organiser la garde nationale : le 28 juin, la cloche réunit les habitants sur la place de l'église et le maire donna lecture du décret de l'Assemblée qui instituait la garde nationale dans toute la France. La lecture de ce décret jeta la consternation dans tous les cœurs ; on crut y voir l'indice des malheurs prochains qui allaient fondre sur la patrie, on commença à murmurer et le nom du maire qui avait promulgué une pareille loi devint bientôt, et pour ce seul fait, aussi impopulaire qu'il était auparavant aimé et vénéré de tous. Le 3 novembre 1791, le dévoué Tronson cédait ses fonctions au sieur Demory, heureux d'être débarrassé d'un fardeau d'autant plus lourd pour ses épaules, qu'il prévoyait les tristes événements qui devaient suivre et dont il ne voulait en rien partager la responsabilité.

Nous avons à enregistrer ici deux faits qui nous paraissent assez surprenants à cause des circonstances au milieu desquelles ils se sont produits.

A la veille du jour où tout un peuple en délire reniera la foi de ses pères et blasphémera le Dieu de son pays, nous voyons une notable partie d'un village voisin, faire une solennelle démarche pour obtenir sa réunion, quant au culte, à la paroisse de Folembray : « Le dimanche 18 décembre, les habitants de la partie du Bois-de-Midy, voisine de Follembray, ont été en la personne de leurs chefs de famille, réunis en face de l'église, pour le spirituel seulement à la paroisse de Follembray, au prône de la messe paroissiale, et reçurent solennellement la bénédiction d'aggrégation pastorale, par moi, curé du dit Follembray, qui ai signé le présent acte avec ceux d'entre eux qui se sont trouvés en état de le faire, le jour et an susdit. — Lacourt, Fontaine, Sury, Paily, Normand, Gardé, Driencourt, curé. » (1)

Une autre cérémonie avait lieu un mois plus tard ; c'était la bénédiction de trois nouvelles

---

(1) Archives de la commune.

cloches. Cette cérémonie qui fait époque dans les annales d'une paroisse, s'accomplit cette fois sans la solennité qui l'entoure ordinairement; il n'y eut qu'une simple bénédiction donnée par le curé, J. Driencourt, qui avait prêté à la constitution civile du clergé, un serment que sa conscience devait lui reprocher. Les trois cloches portaient : J'ai été fondue en 1791. — Vive la nation, la loi et le roi.

Ces deux cérémonies furent les dernières que J. Driencourt eût à inscrire aux « Actes de la paroisse; » un décret de l'Assemblée venait d'enlever les registres aux curés, pour les confier à un officier municipal, élu par les habitants. Le 9 novembre, nous voyons pour la première fois, apposée au bas d'un acte, la signature d'Antoine Gattère, officier municipal de la commune, « à qui il est apporté un enfant mâle du sexe masculin, née hyer. »

Le 21 septembre, tous les fonctionnaires renouvelèrent publiquement le serment dans l'église, en présence de toute la population. Le curé, J. Driencourt, l'abbé Claude Lambin, cy-devant religieux de l'abbaye de Nogent, desservant la chapelle de la Verrerie ; Demory, maire; J.-C. Delabarre, procureur de la commune; A. Delahègue, clerc-laïc, greffier et maître d'école ; N. Carette, capitaine de la garde nationale, les notables, les gardes, etc., tous jurèrent fidélité à la nation, à la loi et au roi. Le même jour, par une singulière coïncidence, la Convention qui remplaçait l'Assemblée législative, dissoute la veille, abolissait la royauté et proclamait la République. Quatre mois après, le 19 janvier 1793, Louis XVI, coupable de n'avoir pas su punir, portait sa tête sur l'échafaud.

La mort du roi fut le signal d'arrestations sans nombre, qui jetèrent la consternation dans toute la France ; le marquis de Folembray, Philippe d'Orléans, fut arrêté lui-même à Marseille, et lui qui, du haut de la tribune des Jacobins, le bonnet rouge sur la tête, avait échangé le nom de ses pères contre celui d'Egalité, lui qui avait voté la mort du roi, son parent, et dont les sinistres paroles avaient fait pousser un cri d'effroi à des hommes habitués à tous les crimes, Philippe, enfin, qui avait si longtemps conspiré contre son roi, fut accusé à son tour d'avoir conspiré contre la République ; et le tribunal révolutionnaire l'envoya périr sur cette même place où ses menées avaient fait périr Louis XVI.

Un ordre du district de Chauny, fit arrêter

aussi le chapelain de la verrerie, Claude Lambin, suspect d'incivisme. A. Tavernier et J.-B. Carlier furent chargés de le garder à vue, jusqu'à ce qu'une brigade de l'armée révolutionnaire du district vint s'emparer de sa personne. Qu'advint-il de cet infortuné? Expira-t-il dans ces cachots où l'espérance n'entrait pas? Alla-t-il grossir le nombre de ces malheureuses victimes, dont le sang rougissait chaque jour le pavé de nos grandes villes? Nous n'avons rien de précis à cet égard, l'échafaud a gardé plus d'un secret.

Une société populaire de surveillance, en rapport avec la société de sûreté générale de Paris, venait de se former à Coucy, et J.-B. Delabarre, procureur de la commune, avait été délégué par la municipalité de Folembray comme devant faire partie de ce comité qui se réunissait en séance secrète tous les jours à Coucy. Le procureur ainsi que Maréchal, le nouveau maire, heureux d'être arrivés, à cette époque de trouble, à la tête de la commune, cherchaient par tous les moyens possibles à faire remarquer leur conduite. Les gens honnêtes se contentaient de ne pas les imiter, mais cette réserve qui n'était même pas une protestation, encourageait ces exaltés, qui se décoraient du titre de patriotes et d'incorruptibles.

Pour gagner les bonnes grâces des procureurs, syndics de Chauny, « l'agent national et le maire, animés d'un même zèle pour la gloire de la République et la prospérité de leur pays, mirent en séquestre chez le citoyen Delahègue, tous les ferrements qui servaient à la monture de deux cloches, 36 livres de fer et 8 écrous, pour les besoins de la commune. (1)

Heureuse commune, qui, pour ses besoins futurs, possède 36 livres de fer ! Heureux administrateurs qui dotent leur pays de 8 écrous ! Malheureusement, leurs lumières coûtaient cher, car quelque temps après, Delabarre accuse une dépense de 50 livres, pour frais de chandelles. (2)

Les procureurs-syndics leur adressèrent des félicitations pour leur conduite pleine de civisme et de désintéressement ; ils les prièrent en même temps, d'envoyer à Chauny tout ce qui n'était pas nécessaire au culte ; ils eurent la générosité de ne pas réclamer les 36 livres de fer ni les 8 écrous. On fit déposer bien vite au secrétariat du district « le superflu du culte qui est le soleil. » (3)

---

(1) Archives de la commune.

(2) Idem.

(3) Idem. C'était l'ostensoir qui, au salut, sert à l'exposition du Saint-Sacrement.

Le brigadier Cinet se chargea d'apprendre à Folembray que le culte lui-même était superflu, et que la République, fière des droits de l'homme, devait proscrire ceux de Dieu.

Le 7 frimaire fut un jour de grande humiliation pour Folembray. Vers une heure de l'après-midi, Cinet arrivait de Chauny avec six volontaires: après une station à l'auberge de la Croix-d'Or, le détachement, grossi de quelques patriotes de la commune, se dirige vers l'église dont on enfonce les portes. Les tabernacles sont brisés, les statues mutilées, les reliquaires foulés aux pieds; les autels sont démolis à coups de hache; la chaire, le confessionnal, les bancs volent en éclats; les voûtes du temple, qui n'ont jamais redit que les hymnes de la prière, résonnent sous le marteau des démolisseurs, dont les blasphèmes seuls interrompent la sacrilége besogne.

Tout à coup, un homme se présente, c'est Augustin Delahègue, le clerc de la paroisse; Augustin Delahègue, dont l'ardente foi s'émeut à la vue d'une telle profanation; il court à la chapelle de la Sainte-Vierge et en enlève la statue, il saisit également un crucifix qui se trouve au-dessus des fonts baptismaux, et se sauve avec son pieux larcin. Mais un de ces vandales l'aperçoit, lui saute à la gorge et le menace des plus mauvais traitements, s'il ne dépose sur le champ ce qu'il enlève. L'intrépide clerc veut lutter : son adversaire saisit la statue par les pieds, et au moment où il rassemble ses forces pour s'en emparer, le bois cède, et le misérable tombant lourdement au milieu des débris de toutes sortes, laisse au vainqueur le temps d'aller mettre en sûreté ce qu'il vient d'arracher à la profanation. (1)

Cependant, un ordre de Cinet a fait élever au milieu du village un bûcher, sur lequel on entasse les croix, les reliquaires, les statues, les boiseries des autels, le lutrin, les ornements sacerdotaux, le linge de la sacristie, et ce qui n'a pu exciter la cupidité des incorruptibles sans-culottes. La plupart des habitants se sont réunis autour du bûcher : quelques-uns, dont nous tairons les noms, pour satisfaire leur propre fureur et mériter par leur conduite patriotique la protection du puissant Cinet; le plus grand nombre, poussé par une aveugle curiosité, sentiment fatal qui, de gens indifférents, fait souvent des auxiliaires dangereux ; d'autres enfin, pour essayer d'arracher aux

---

(1) La statue de la Sainte-Vierge et le crucifix sont religieusement conservés dans la famille de M. A. Bruyer-Delahègue, comme un touchant souvenir de son courage et de sa foi.

flammes quelqu'objet sacré. La statue de Saint-Pierre, qui se trouvait au portail de l'église, fut sauvée par une femme nommée Catherine Lebrun ; elle la cacha dans la forêt, entre les branches d'un chêne qu'on appelle encore le *Chêne Saint-Pierre.* (1)

Enfin, trois heures ont sonné : c'est l'heure fixée pour l'enterrement de la cy-devant superstition. On entonne la *Marseillaise*, la flamme brille... soudain, le brigadier a fait un geste, la foule s'est tue. « Où est le curé ? s'écrie-t-il, c'est lui qui devait mettre le feu au bûcher ; qu'on aille le chercher ! » On se précipite au presbytère, Gattère et Delabarre en font sortir le curé, et le cortége, composé de quelques patriotes avinés, s'avance en hurlant : Ça ira, ça ira, les aristocrates à la lanterne ! « Citoyen Driencourt, dit Cinet, je t'ai fait appeler pour t'informer que la superstition est abolie dans la commune, et que la cy-devant église sera transformée en magasin de salpêtre. » Le curé veut se retirer, mais ses deux acolythes le retiennent et le forcent d'assister à ce sacrilége spectacle, en même temps qu'il

(1) Cette statue, conservée longtemps chez la veuve Pacquel, orne maintenant la fontaine qui porte son nom, dans le parc de Madame la baronne de Poilly.

devra entendre les infâmes plaisanteries des courtisans de Cinet. Enfin, la triste cérémonie s'achève, la nuit est venue ; autour du foyer, les sans-culottes dansent à la lueur des dernières flammes et crient une dernière fois : Vive la liberté !

Le brigadier se rend à la mairie, et pour conserver à la postérité le souvenir de cette belle journée, il fait dresser un procès-verbal où il est dit « qu'après avoir fait la vérification de l'église, il a fait descendre toutes les représentations des christs, vierges, saints et saintes, et toutes les représentations du fanatisme, qu'il a fait livrer aux flammes, par le pouvoir qu'il portait du district de Chauny, et qu'il s'en est acquitté avec fidélité et honnêteté, avec son détachement. » (1)

Le lendemain, on conduisait à Chauny les deux cloches dont quelques semaines auparavant on avait enlevé les battants ; les calices, patènes, ciboires, custodes et un ostensoir du poids de six marcs, trois onces et trois gros : le tout d'après les ordres de la Convention, devait servir à l'entretien de l'armée du Nord. Et quelque temps après, malgré son serment à la constitution, le

(1) Archives de la commune.

curé recevait du maire et de l'agent national, l'ordre de quitter le presbytère et on apposait les scellés sur ses meubles.

Vers cette même époque, la Convention porta la loi du Maximum ; cette loi défendait aux cultivateurs de vendre les céréales ou autres objets de consommation, au-dessus du prix fixé par elle, sous peine de confiscation et d'emprisonnement. Les marchés furent bientôt déserts et la famine se dressa menaçante pour les grands centres ; les cultivateurs refusèrent de livrer leurs grains, pour un prix qui ne leur paraissait pas suffisant, et il fallut employer les menaces, les amendes, la prison même pour les forcer à vendre. En même temps, une loi nommait des commissaires pour constater à domicile ce qui restait de grains et ce qui devait suffire à chaque commune ; le surplus était destiné à l'alimentation de Paris. J. Bédier, de Landricourt, fut chargé par le district de Chauny, d'inspecter Champs et Folembray ; il était escorté dans ses perquisitions, d'un détachement de l'armée révolutionnaire. Quelques fermiers comme celui de Longueval faillirent payer cher leur désobéissance à la loi : ils cachèrent du blé, mais ils furent menacés d'être dénoncés comme suspects ; cette menace était terrible, car on traitait les suspects avec la dernière rigueur ; ils durent se soumettre et conduire chaque semaine sur les marchés de Chauny et de Coucy, la quantité de blé que le procureur de la commune avait fixée.

Une disposition de la loi du Maximum aggravait singulièrement encore la situation déjà si difficile des cultivateurs : l'article 4 de la loi portait : « Ceux qui découvriront et déclareront des grains et farines, soustraits au recensement, obtiendront en nature le quart des dix biens. » De là, des dénonciations fréquentes et souvent injustes, de là, une méfiance continuelle.

A ces troubles profonds qui rendaient les transactions si difficiles, s'ajoutait la crainte de la misère et de la ruine, par suite des réquisitions importantes exigées pour l'entretien de l'armée. Les populations étaient fatiguées de cet appauvrissement continuel ; depuis près de deux ans, en effet, chaque semaine apportait son contingent onéreux de réquisitions de tout genre : c'était des fourrages et du grain, de la toile, du drap, du charbon, des armes et du salpêtre, des chevaux et des voitures, des hommes même qui devaient suivre l'armée en qualité de pionniers. Le district de Chauny devait en fournir 200 ; le sort désigna

J.-L. Cambray, âgé de 31 ans, et M. Carrières, âgé de 45 ans, pour payer l'impôt dont Folembray avait été chargé. Toutes ces réquisitions, si dures pour ceux qui en étaient victimes, étaient rendues plus dures encore par la sévérité du procureur de la commune ; l'avis de ces réquisitions était ordinairement porté par trois soldats de l'armée révolutionnaire, qui avaient ordre d'emmener « le réquisitionné » s'il se permettait la plus petite résistance ou le plus petit délai. Au bas de chaque avis se trouvait toujours cette mention : « sous peine d'être dénoncé comme suspect et traître à la patrie et traité comme tel. »

Cependant, la France allait sortir enfin de l'esclavage sans nom dans lequel la main sanglante de la Terreur l'avait tenue enchaînée depuis dix-huit mois.

Robespierre n'était plus : il avait payé de sa vie, un pouvoir qui avait coûté des torrents de larmes et de sang : l'échafaud l'avait vu à son tour, poursuivi par les malédictions d'une populace dont il avait été l'idole et dont il s'était fait le tyran. La Convention rendue au calme par cette mort, voulut aider la réaction qui s'opérait en sa faveur ; dans ce but, elle s'occupa de l'instruction publique et créa, par sa loi du 28 brumaire an II (18 novembre 1795), des écoles primaires dans les cantons et dans les communes importantes.

L'école de Folembray, fondée vers l'an 1660, avait été fermée pendant cette époque de troubles ; A. Delahègue déposa une pétition tendant à obtenir la continuation des fonctions que pendant neuf ans il avait remplies avec tant de zèle et de dévouement. L'ancien *magister* obtint sans peine une autorisation que tous les pères de famille demandaient avec lui ; on lui permit d'ouvrir une école dans laquelle il devait enseigner, « en commençant par l'alphabet, à lire, écrire, chiffrer et calculer..., enseigner les droits de l'homme, la Constitution et le tableau des actions héroïques. » (1)

A. Delahègue conserva jusqu'en 1825, une fonction à laquelle il était heureux de consacrer toutes ses forces, et pendant près d'un demi-siècle, il apprit aux jeunes générations, avec les premiers éléments des sciences, les premières leçons de la vertu, dont il était lui-même un modèle accompli.

L'école ouverte, on songea à l'église fermée depuis la scène que nous avons rapportée plus haut. Les fêtes de Pâques approchaient et le retour

---

(1) Archives de la commune.

de ces solennités amena au cœur des habitants le désir de les célébrer. Le 15 germinal, ils se réunissent sur la place de l'église et somment le maire et le procureur de la commune de leur trouver un prêtre pour les fêtes paschales. Ce désir n'était pas celui de Maréchal, ni de son digne associé, mais force leur fut de respecter le sentiment presque unanime d'une population dont la foi se ranimait. Delabarre envoya à un ex-religieux de Barizis, le billet suivant : « Les habitants de la commune de Folembray requièrent le citoyen Pierre Defrance, demeurant en la commune de Barizis-aux-Bois, de venir nous dire la messe, dans les fêtes de Pâques, dans notre église, vu qu'il n'y a point eu de terre salpêtrée dedans » (1) Pierre Defrance se rendit aux vœux des habitants, et les fêtes de Pâques furent célébrées au milieu d'une foule nombreuse, étonnée d'un pareil spectacle qu'elle ne connaissait plus, et qui était pour elle le présage de jours meilleurs.

Bientôt, en effet, une aurore nouvelle s'éleva : les flots de l'anarchie se retirèrent, et Napoléon apparut au milieu de la patrie, chargé par la Providence de venir au secours d'un pays que Dieu n'abandonne jamais.

(1) Archives de la commune.

CHAPITRE XII

1799 - 1818

SOMMAIRE: Revers de la France. — M. de Poilly. — Les alliés à Folembray ; leur conduite. — L'église s'effondre. — La duchesse de Berry à Folembray. — Restauration de l'église. — Réunion du Bois-de-Midi et des Prés Houez à Folembray. — Etablissement d'un marché. — Mort de M. de Poilly.

Après quelques années d'une gloire sans exemple, payée par les plus tristes revers, la France qui avait fait la loi à toutes les nations de l'Europe, était à son tour humiliée et vaincue. L'ennemi couvrait son sol, et 1814 s'inscrivait dans les annales de notre pays comme une date funeste. Le prussien Bulow et le russe Winzintgérode, à la tête des Alliés, s'avancent à grandes journées et bientôt notre département est envahi avant qu'on ait pris une mesure efficace pour arrêter ou tout au moins pour ralentir la marche de l'ennemi.

Un décret impérial créait une armée de réserve pour couvrir Paris ; les départements les plus voisins de la capitale devaient former chacun une légion divisée en plusieurs bataillons ou cohortes. Aussitôt après la publication de ce décret, M. le baron de Poilly, dont le nom reviendra plus d'une fois sous notre plume, dans la suite de cette histoire, offrit ses services à M. Malouet, préfet du département, qui le nomma immédiatement chef d'une des cohortes à former.

M. de Poilly avait épousé Marie-Julie de Montizeaux, fille de M. Pipelet de Montizeaux, propriétaire de la Verrerie et gendre de M. Tronson de Valcourt ; il avait servi avec distinction dans les chasseurs de la garde, où sa valeur et son activité l'avaient fait nommer chevalier de la Légion d'honneur. Le nouveau commandant partit à la tête des hommes de Folembray, auxquels s'étaient joints ceux de Pierremande et de Barizis : tous partaient, sinon avec enthousiasme, au moins avec la ferme résolution de remplir fidèlement leurs devoirs de soldats.

Après quelques jours de campement à Soissons, on envoya à Vailly les deux cohortes de l'Aisne, sous le commandement de M. de Poilly ; malheureusement les bonnes dispositions de ces soldats changèrent vite; mal vêtus, mal logés, ne recevant ni solde, ni vivres, le découragement entra dans tous les cœurs, et bientôt les désertions prirent des proportions si inquiétantes, que le général Rusca, commandant à Soissons, envoya les deux cohortes à Compiègne pour les éloigner de leur département. Elles furent dirigées ensuite sur Paris, où elles furent armées pour servir d'escorte aux convois d'artillerie que l'on se préparait à expédier dans la direction de Meaux. (1)

Pendant ce temps, Laon avait capitulé, Soissons était pris d'assaut, La Fère était au pouvoir des Alliés, maîtres de tout le nord du département.

Lorsque le duc de Trévise eut repris Soissons, il fit échelonner des postes de hussards entre Soissons et Chauny, pour garder la route et servir d'éclaireurs.

Le 1er mars, un détachement de lanciers saxons, prussiens et cosaques parut à Folembray; les hussards qui s'y trouvaient, postés sur les hauteurs du Vignoire, les accueillirent à coups de fusil et s'enfuirent ensuite dans la direction de Soissons. Le lendemain, une partie de l'armée de

---

(1) Ed. Fleury. Le département de l'Aisne, p. 180.

Winzintgérode, marchant sur cette dernière ville, traverse Folembray dont elle pille les maisons que les habitants ont abandonnées. La plupart se sont réfugiés dans les carrières qui avoisinent le village ; pendant un mois, les femmes ne quittent pas leur humide cachette, chaque famille a sa part d'espace, ses siéges de pierres, son lit de feuilles, plusieurs enfants y naquirent, une personne y mourut. Tous les jours et à tour de rôle, deux personnes allaient au village, pour en rapporter des provisions et des nouvelles. Celles-ci n'étaient pas toujours rassurantes ; dans quelques maisons, les soldats ennemis se conduisaient avec la dernière violence ; les Cosaques surtout qui avaient apporté dans nos pays les habitudes pillardes de leurs déserts, s'appropriaient tout ce qui leur tombait sous la main ; quelques chaumières et plusieurs écuries avaient été démolies pour servir de bois de chauffage ; ailleurs, un soldat s'était fait un jeu de cacher dans les cendres du foyer une certaine quantité de poudre, qui avait brûlé le visage d'une femme à laquelle il avait demandé du feu.

Le traitement infligé à un sieur Godart, dit Cadet Jacquette, avait surtout abattu les courages et semé partout l'épouvante. Accusé d'avoir tenu sur le compte de ses hôtes irascibles et incommodes certains propos malsonnants, Godart fut saisi par des soldats à moitié ivres, conduit sur la place publique et bastonné cruellement. Après ce supplice si barbare et qui fut prolongé malgré les cris et les supplications du patient, on le déshabilla pour l'attacher à la queue d'un cheval, et le traîner dans cet état jusqu'au bas du village. Pendant qu'on cherchait des liens, Godart, à demi-mort, fut emporté par quelques hommes qui assistaient à cet inique traitement et qui le cachèrent dans le jardin. Le soir venu, ses amis ne pouvant le reconduire dans sa maison occupée par les soldats, le transportèrent dans une hutte, au milieu des bois. Godart ne survécut pas longtemps à ses blessures.

La veille de leur départ, deux Prussiens suivirent une femme qui s'en retournait à la carrière avec des provisions, et descendirent derrière elle dans ces souterrains obscurs ; on comprend qu'elle dut être la frayeur de ces femmes et de ces enfants s'attendant à quelques mauvais traitements. Mais touchés peut-être de leurs cris et de leurs supplications, les deux soldats se contentèrent de prendre les provisions dont ils purent se charger, et ne firent aucun mal à cette innocente population.

L'année suivante les Alliés séjournèrent encore à Folembray, mais on n'eut à signaler aucun des actes de violence dont on avait eu tant à se plaindre précédemment. Ces tristes jours que nos pères avaient vus et dont ils nous ont raconté bien des fois les moindres détails, nous les regardions comme déjà bien loin de notre histoire et comme disparus sans retour ; hélas ! les récits de nos pères pourront être complétés par les nôtres, et les nôtres l'emporteront en souvenirs navrants et en humiliations de toute nature.

La commune eut à payer 5,097 francs de réquisitions faites par les armées alliées.

Folembray eut bientôt à supporter un désastre d'autant plus regrettable qu'il pouvait être prévenu, et qu'une fois accompli il était irréparable. Son église, une des plus belles de notre région, élevée vers la fin du XIVe siècle, sous le dernier des Enguerrand, tombait en ruines. La toiture et plusieurs autres parties de l'édifice étaient dans le plus mauvais état et à la fin de l'année 1817, la municipalité délibéra sur les moyens à prendre pour prévenir une catastrophe qui paraissait imminente. M. de Poilly, maire de la commune, prit même sur lui de faire réparer à ses frais la toiture endommagée, mais ce remède appliqué sur un mal aussi avancé devait être sans effet : dans la nuit du 14 au 15 janvier 1818, un des piliers qui soutenaient la voûte s'écroula, sous l'action du froid et du dégel, avec une partie de la voûte et de la toiture.

Un architecte fut mandé en toute hâte et ordre lui fut donné de prendre les mesures nécessaires pour prévenir de nouveaux désastres et sauver de la ruine ce qui restait de l'antique monument. On aura peine à croire que pendant deux longues années, l'église resta ainsi sans la moindre réparation, sans toiture, sans étai pour remplacer le pilier absent ; pendant deux longues années, elle resta ouverte à tous les vents ; les pluies de l'hiver formaient sur son dallage de vastes nappes d'eau qui y séjournaient jusqu'au printemps ; les mendiants y passaient leurs nuits, les enfants y jouaient, il y eut d'autres profanations que nous laissons dans l'ombre.

On attendait toujours les autorisations nécessaires pour vendre quelques biens communaux dont le produit devait être affecté à la réparation de l'église ; on attendait aussi les plans et devis de l'architecte annoncés depuis deux ans : on les attendit jusqu'au matin du 18 janvier 1820.

Ce jour-là, toutes les personnes du voisinage

de l'église, de la rue des Vaches, de la rue du Glatigny, et jusqu'aux extrémités de la Grande rue, furent réveillées par un bruit formidable : les sept colonnes de l'église venaient de s'écrouler, entraînant dans leur chûte la partie des voûtes de la grande nef qui s'était conservée et celles encore intactes des nefs latérales. De cette église, une des plus intéressantes de la contrée, par l'élévation de ses voûtes et la régularité de sa construction, il ne restait plus que les murs de clôture, la voûte en cul-de-lampe au-dessus du maître-autel et la tour reconstruite en 1772.

La municipalité a pu rejeter la faute d'un tel désastre sur les lenteurs de la bureaucratie ministérielle et préfectorale, non moins que sur les délais de l'architecte, mais elle ne peut échapper au reproche de n'avoir pas pris les plus simples mesures de prudence, pour empêcher la ruine complète d'un édifice aussi remarquable. Il eut suffi d'un soutien provisoire pour équilibrer le poids des voûtes, on eut pu presser davantage l'exécution des plans d'une restauration si urgente et sauver ainsi un monument qui, maintenant encore, serait la gloire de notre pays.

La paroisse de Folembray qui n'avait pas de curé depuis la Révolution était desservie par le doyen ou le vicaire de Coucy ; pendant tout le temps qu'elle fut sans église, c'est-à-dire jusqu'au mois de juin 1824, les fidèles allèrent à Coucy pour assister aux offices.

Le 25 mai 1821, Son Altesse Royale la duchesse de Berry vint à Folembray ; l'auguste princesse revenait de Notre-Dame de Liesse où elle était allée remercier le ciel de l'enfant qu'il lui avait accordé. La population tout entière s'était portée à la rencontre de Son Altesse jusqu'aux pieds de la montagne de Coucy, où elle fut reçue par M. de Poilly, qu'entouraient toutes les notabilités des environs ; les gardes nationales de Folembray, de Coucy, de Verneuil et de Trosly escortaient les voitures de la princesse.

Arrivée à l'entrée du village, Son Altesse descendit de voiture, et donnant le bras à M. de Poilly, se dirigea vers le château. Des arcs de triomphe aux armes de France, des mats chargés de drapeaux et de banderolles décorent la longue rue que doit parcourir la princesse. Les maisons ont disparu sous des massifs de verdure, des fleurs jonchent le sol et pendant que les salves d'artillerie se font entendre, les cris mille fois répétés de : Vive la duchesse de Berry ! Vive le duc de Bordeaux ! redisent à l'auguste visiteuse les sentiments d'une foule enthousiaste. Dans l'après-midi, la duchesse visita la verrerie; tous les ouvriers qui avaient quitté la longue chemise traditionnelle, l'attendaient sur leurs places, en pantalons blancs et en jabots; la princesse suivit leur travail avec le plus grand intérêt.

Le lendemain, M. de Poilly donna à la commune une grande fête en l'honneur de la visite de Son Altesse : régates, mats de cocagne, courses au sac, courses à pieds, tombola, secours aux pauvres, banquet, illuminations, feu d'artifice, rien n'avait été négligé. Quelques mois après, la duchesse de Berry tenait sur les fonts baptismaux, au nom du duc de Bordeaux, un fils de M. de Poilly, qui reçut les noms de Henri-Charles-Georges.

Cependant on s'occupait de relever de ses ruines l'église de Folembray; malheureusement, les ressources trop restreintes du pays ne permirent pas de la reconstruire sur les anciennes bases; elle fut diminuée de longueur et de largeur de 165 pieds carrés environ. C'était d'autant plus regrettable que le village prenait tous les jours un nouvel accroissement et que l'édifice devait être bientôt insuffisant pour sa population.

On se servit pour cette reconstruction de la plupart des matériaux de l'ancienne église, mais les entrepreneurs, livrés à eux seuls, commirent, peut-être sans s'en douter, des mutilations qui touchent de près au vandalisme : c'est ainsi que dix-huit cercueils de pierre et de grés qu'ils trouvèrent dans des caveaux et qui indiquaient d'anciennes et illustres sépultures, furent brisés pour en faire des moellons. Les pierres tombales qui, au dire des vieillards, couvraient entièrement le sanctuaire, le chœur, la chapelle de la Sainte-Vierge et la chapelle Sainte-Anne, eurent le même sort. On détruisit ainsi ces monuments si précieux pour notre pays, dont ils auraient aidé à reconstituer l'histoire. Combien de noms complètement ignorés aujourd'hui, vivraient encore inscrits sur leurs pages de pierre et viendraient grossir ces modestes annales? Combien de lacunes auraient été comblées avec ces noms qui étaient ceux des anciens seigneurs, des anciens curés, des fondateurs de l'église, des guerriers, des artisans, pour lesquels la voix publique ou de respectables usages avaient demandé les honneurs de la sépulture dans la maison de Dieu?

La coupe transversale de la nouvelle église offre un motif original qui n'est d'aucun style; deux arcs concentriques embrassant presque toute la largeur de la nef, terminent le chevet de l'église et forment un large vitrail, maintenu et rempli par des enroulements fleurdelysés, en fonte de fer.

La coupe latérale porte le caractère du XIVe siècle ; quatre piliers de 32 pieds de hauteur, soutiennent un plafond plat ; les premiers plans de cette construction offraient pour le plafond des enchevêtrures combinées, qui devaient en rompre l'uniformité, mais ce plafond, d'après le rapport fait au Conseil des bâtiments civils, 23 octobre 1820, « avait le tort de rappeler avec trop d'exactitude peut-être, le caractère du siècle dont on voulait imiter l'architecture. » Nous avouons ne rien comprendre à ce reproche, nous avions toujours pensé qu'on ne pouvait jamais se rapprocher trop du style qu'on tentait d'imiter, et que plus on le copiait fidèlement, et dans son ensemble et dans ses détails, plus l'œuvre exécutée était irréprochable.

Le rapport ajoutait : « Il serait convenable de supprimer le parti proposé et d'y substituer un plafond plat, auquel on pourra, si on le désire, donner une décoration peinte, ce qui sera tout aussi bien dans le caractère de l'architecture du XIVe siècle. (1) Trente ans plus tard, hélas ! les peintures sont venues.

(1) Archives de la commune. C. E.

Un artiste inconnu qui ne dit pas son nom et qu'on n'a pas revu, s'en vint pendant plus de six mois, barbouiller le plafond de la nef et des bas côtés. La création, Adam et Eve, Caïn et Abel, l'arche de Noé et quelques figures grimaçantes de patriarches, reliées entre elles par un ruban noir, qui se déroule tout autour des plafonds, occupent les deux nefs latérales. Au plafond de la grande nef, l'artiste a voulu peindre les évangélistes et les apôtres dont les figures qui ne diffèrent entre elles que par la longueur de la barbe et des cheveux, commencent à disparaître avec la couche de badigeon sur laquelle ils sont représentés et qui s'écaille sous l'action de la chaleur et du temps. Espérons que l'agrandissement de l'église dont la municipalité s'occupe activement fera disparaître ces décors prétentieux et grotesques.

La nouvelle église fut terminée au printemps de l'année 1824 ; la dépense totale avait été de 20,139 francs 28 centimes, dont un quart, c'est-à-dire 5,034 francs 82 centimes, supporté par la commune de Verneuil, réunie quant au culte, à la paroisse de Folembray, depuis le 27 pluviose an XI. M. de Poilly avait aidé de ses deniers la reconstruction de l'église et s'était généreusement inscrit pour une somme de 3,000 francs ; le duc d'Orléans, de passage à Folembray, avait offert 1,200 francs, à titre de secours.

Le 29 juin de la même année, Monseigneur Aubin de Villèle, évêque de Soissons et Laon, vint faire la dédicace et consécration solennelle de l'église, sous l'invocation de saint Pierre, patron de l'ancienne église. Une foule immense encombrait l'église, trop étroite pour la contenir tout entière : le prélat était entouré de plusieurs chanoines de son chapitre et d'un grand nombre d'ecclésiastiques des pays voisins. Le comte de Floirac, maréchal de camp et préfet du département assistait aussi à cette cérémonie.

M. de Poilly, que ses relations et ses affaires éloignaient souvent de Folembray, donna en 1826 sa démission de maire et fut remplacé dans cette charge par M. Xavier de l'Age, directeur de la verrerie. C'est à l'infatigable énergie du nouveau maire que les hameaux du Prés-Houez et du Bois-de-Midi, dépendant de la commune de Champs, durent leur annexion à Folembray. La demande de M. de l'Age était basée sur ce que ces deux hameaux étaient déjà réunis à Folembray pour le spirituel, sur ce que la plupart de leurs habitants venaient journellement à Folembray, pour travailler à la verrerie, et sur la difficulté de communications avec Champs, par suite du mauvais état des chemins. Pendant plus de deux années, M. de l'Age lutta contre des conseils des communes environnantes opposées à ce projet ; il continua cette lutte, dont certains détails sont des plus piquants, avec le Conseil général, avec le Ministère, avec le Conseil d'Etat. Enfin, grâce à une ténacité inflexible et presque devenue proverbiale, M. de l'Age eut gain de cause et une ordonnance royale du 7 mai 1828 réunissait les deux hameaux à Folembray, dont ils augmentaient la population de plus de deux cents habitants.

L'établissement d'un marché hebdomadaire à Folembray, ne donna pas lieu à moins d'embarras. Les communes voisines froissées déjà de la victoire qu'avait obtenue M. de l'Age au sujet des deux hameaux annexés, recommencèrent leur campagne contre le maire, et cette fois aussi, contre ses administrés. Malgré un arrêté ministériel du 3 avril 1829 et une ordonnance royale du 30 avril 1830, le maire de Folembray fut avisé de ne pas considérer l'établissement du marché comme définitivement réglé. Le Conseil d'Etat qui n'avait pas été consulté, venait de recevoir les plaintes les plus graves, envoyées de Coucy contre Folembray ; le nouveau marché était devenu, d'après la pétition, un danger pour l'ordre public et une menace permanente pour le canton tout entier. On fit justice de ces plaintes, inspirées seulement par la jalousie et par le dépit qu'on éprouvait contre un pays qui chaque jour prenait une extension nouvelle et allait se placer bientôt à la tête du canton. Le Conseil d'Etat décida le 6 juillet 1831, qu'il n'y avait pas lieu de rapporter l'arrêté ministériel et que le marché hebdomadaire de Folembray était bien et dûment établi.

M. de l'Age mourut à la fin de l'année 1847 ; la commune et la verrerie gardent son souvenir.

M. le baron de Poilly, membre du Conseil général, officier de la Légion d'honneur, chevalier de Saint-Louis, reprit les fonctions de maire qu'il ne devait garder que deux années.

Le 25 août 1849, il mourait dans sa terre de Huron, près de Montreuil-sur-Mer. Son corps fut transporté, suivant sa demande, à Folembray, où il avait fait tant de bien et où sa mort laissait un si grand vide. Le cercueil de plomb qui contenait ses restes fut déposé dans une chapelle ardente et veillé nuit et jour par le clergé, par un détachement de la garde nationale, et par les habitants qui avaient abandonné leurs travaux des champs et de l'usine.

Monseigneur de Garsignies, évêque de Soissons et Laon, présida au service funèbre qui eut lieu le 29 août. Le deuil était conduit par M. Henri de Poilly, fils du défunt, et par le comte de Fitz-James et le marquis de Grand'Maison, ses gendres. Les magistrats du département, d'anciens officiers de l'armée, une foule immense venue des campagnes voisines, accompagnèrent le corps jusqu'au caveau préparé à la hâte pour le recevoir.

M. le baron de Poilly, l'un des types les plus accomplis de la vraie noblesse française, par l'élévation de ses sentiments et la simplicité de ses manières, par la distinction de son esprit et la générosité de son caractère, a laissé à Folembray les plus honorables souvenirs et les plus chères sympathies.

CHAPITRE XIII

1818 - 1873

SOMMAIRE : M. Henri de Poilly. — Construction de l'Hôtel-de-Ville. — M. Labarbe ; impulsion donnée à la Verrerie. — L'invasion. — Agrandissement de l'église. — Le chemin de fer.

M. Henri de Poilly, à qui venaient d'être confiées les fonctions de maire de Folembray et de conseiller général pour le canton de Coucy, résolut de donner à la verrerie une nouvelle impulsion. Dans cette pensée, il s'associa M. le comte de Fitz-James, son beau-frère, et M. Labarbe, ancien notaire de Paris, nommé gérant de la Société. M. Labarbe apportait à cette œuvre sa grande expérience des affaires, sa haute intelligence et son extrême activité. Bientôt en effet, de nouveaux fours sont créés et reçoivent de nouveaux travailleurs ; une cité tout entière, celle des Maisons-Neuves, semble surgir de terre ; un mur circulaire embrasse dans sa vaste enceinte l'usine avec ses dépendances, tout annonce une nouvelle vie dans les ateliers restaurés et agrandis.

Pendant ce temps, M. le baron de Poilly donnait à la commune une nouvelle preuve de son intérêt en lui faisant l'offre d'un presbytère dont elle était encore dépourvue en 1855. Ce don était fait à l'occasion de son mariage avec la princesse Alexandrine de Nariskine, comtesse de Woronzow-Daschow. Cette union devait être de courte durée, Mme de Poilly mourait le 30 mai 1856.

Quelques mois après, un nouveau deuil affligeait bien cruellement cette famille déjà si éprouvée : Mme la comtesse de Fitz-James, née Cécile de Poilly, mourait à Marly-le-Roi (26 octobre 1856), des suites d'un horrible accident. Le feu avait pris à ses vêtements, et la noble victime, que les ressources de l'art et le dévouement des siens n'avaient pu sauver, expirait après un long martyre de quarante jours. Le village tout entier mêla ses regrets à ceux de la famille en deuil et pleura celle que le ciel avait faite si belle et si bonne en même temps.

Le 30 avril 1861, eut lieu la cérémonie de la pose et de la bénédiction de la première pierre de l'Hôtel-de-Ville. Ce monument qui devait coûter près de 40,000 francs, s'élevait sur l'emplacement du pavillon de Sully et allait donner à Folembray une vaste école, en rapport avec sa population toujours croissante, un logement confortable pour l'instituteur, une magnifique salle de mairie, un cabinet pour le greffier, une salle d'armes, un corps de garde, une prison, etc. Le matin du jour de la bénédiction, une distribution de secours fut faite à tous les pauvres par les soins du Bureau de bienfaisance. Une plaque en cuivre fut scellée dans une pierre à l'angle ouest du monument, du côté parallèle à la route nationale ; elle porte cette inscription : *Deo Adjuvante*. L'an de grâce 1861, le 30 avril, sous le règne de Napoléon III, empereur des Français, nous, Henri-Charles-Georges de Poilly, membre du Conseil général de l'Aisne, maire de la commune de Folembray, avons posé la première pierre de ce monument, en présence du sieur Lhomme, curé desservant qui a invoqué les grâces de Dieu sur cette nouvelle construction ; du sieur Jean-Baptiste Navarre, adjoint ; des conseillers municipaux et de la population entière de la commune de Folembray.

M. de Poilly vit s'achever à peine l'œuvre qu'il

avait commencée ; il mourut le 20 septembre 1862, dans sa 41ᵉ année ; il avait épousé deux ans auparavant Mme la comtesse de Brigode, née du Hallay-Coetquen.

La carrière trop tôt brisée de M. le baron de Poilly avait été bien remplie. Envoyé à Florence en 1842, en qualité d'attaché à la légation de France, il y resta jusqu'en 1848, époque à laquelle il donna sa démission. Il avait eu pendant ces six années à remplir plusieurs fois les fonctions de chargé d'affaires en Toscane, où il se signala par son énergique dévouement aux intérêts de la colonie française et par son intelligence politique. Nommé membre du Conseil général en 1848, 1852 et en 1861, par la presque unanimité des suffrages, le canton de Coucy qu'il représentait, attendait encore de lui de longs et utiles services. Ce fut pour récompenser ceux qu'il lui avait rendus déjà et ceux qu'il avait rendus à la France pendant son séjour en Toscane, qu'il fut nommé en 1861 chevalier de la Légion d'honneur. Mais, ce dont Folembray se souvient surtout et ce qu'il n'oubliera jamais, c'est sa charité pour les pauvres, qui chaque année se traduisait en abondantes aumônes. M. de Poilly eut pour eux un souvenir tout spécial dans son testament dont nous transcrivons les lignes suivantes : « Je lègue à la commune de Folembray pour assister ses pauvres, une somme de 5,000 francs, dont le montant sera versé dans le délai de deux années, à dater du jour de mon décès. »

Le Bureau de bienfaisance, dans sa séance du 16 février 1863, déclara que pour perpétuer la mémoire de M. le baron de Poilly, une messe basse serait dite à son intention le 20 septembre de chaque année, aux frais du Bureau.

Madame de Poilly voulut que le lieu qui avait reçu le dernier soupir de son époux devînt un lieu de prières et fit transformer la chambre mortuaire en une superbe chapelle dédiée à Notre Dame des Victoires. De plus, pour conserver un souvenir si cher aux pauvres et à la commune, elle fonda l'Asile de Poilly, destiné à recevoir les jeunes enfants des deux sexes et dont elle confia la direction aux religieuses de la Providence de Portieux. Les mères de famille bénissent tous les jours la pieuse libéralité de la généreuse fondatrice.

Le nom de M. Labarbe, co-actionnaire et gérant de la verrerie, s'imposait au choix de tous pour succéder à M. de Poilly dans ses fonctions de maire ; il fut installé en cette qualité le 15 novembre 1862.

Depuis ce temps, Folembray n'a cessé de marcher d'un pas ferme et assuré dans la voie du progrès et du bien-être ; on sent du reste, en traversant notre village riant et coquet qu'il s'élève à l'ombre d'une bienfaisante industrie, à l'existence de laquelle sa propre existence est nécessairement liée. En moins de vingt années, nous avons vu de vastes champs se couvrir d'élégantes constructions, de nouvelles rues s'ouvrir, des cités ouvrières, véritables hameaux, s'élever tout à coup ; la population, qui comptait à peine 1,000 habitants en 1854, élevée à près de 1,500 habitants et devenue de beaucoup la plus forte du canton.

Dire ces progrès, c'est dire du même coup ceux de la verrerie, arrivée à un degré de prospérité qu'elle n'a jamais connu et devant lequel elle ne s'arrêtera pas encore. La fabrication a été doublée : huit fours marchent presque constamment, produisant ensemble de 25 à 30,000 bouteilles par jour, et encore, malgré l'importance de ces chiffres, la verrerie de Folembray est-elle obligée de refuser un grand nombre de commandes qui lui arrivent de France et de l'Etranger. Elle occupe environ 600 ouvriers attachés tant à la fabrication des bouteilles qu'aux différents ateliers de construction tels que : la forge, la poterie, la briqueterie, la charronnerie, etc.

En constatant cette impulsion si féconde en heureux résultats, nous ne pouvons indiquer ici que sommairement les améliorations que M. Labarbe a successivement introduites dans la verrerie, en même temps qu'il en doublait le matériel et le personnel. Nous nommerons : le laboratoire pour l'étude des compositions ; le chemin de fer qui conduit les sables dans les caves d'attente ; l'établissement d'une vaste pompe mue par la vapeur et qui distribue l'eau aux quarante-quatre places des huit fours ; un ventilateur également mu par la vapeur et qui remplace tous les souflets de la forge, etc.

A côté de ces améliorations purement matérielles, il en est d'autres plus précieuses, parce qu'elles atteignent directement l'ouvrier dont elles s'efforcent d'adoucir et de rémunérer plus largement les fatigues : c'est tout d'abord l'augmentation des salaires ; puis viennent : les primes d'association, les primes d'assiduité, les primes de fabrication, premier choix, les indemnités de maladie, l'installation d'un médecin spécialement attaché à l'usine, l'établissement d'un fourneau économique, la création de dortoirs pour les enfants qui doivent travailler de nuit, celle d'une école dans l'intérieur de la verrerie, pour les enfants qui ne peuvent fréquenter celle du village et où chaque semaine, une conférence religieuse leur est faite.

Telles sont les améliorations, et nous en passons beaucoup d'autres, dont M. Labarbe a doté la verrerie ; aussi nous ne serons pas démenti, si nous ajoutons que la verrerie de Folembray est comme une véritable famille dont une mutuelle confiance unit les membres. Les ouvriers sérieux et rangés y ont trouvé toujours affection et bons conseils, et il n'en est pas un seul qui ne l'ait quittée sans regret et sans emporter le secret espoir d'y rentrer un jour.

Les derniers événements qui ont tant agité la France et dont Folembray eut aussi sa part, sont encore trop récents pour que nous ayons besoin d'en retracer l'histoire.

Nous ne dirons pas comment la France entière passa brusquement de la confiance la plus aveugle au plus aveugle découragement; comment les populations épouvantées fuyaient vers d'autres pays, cherchant à se soustraire au vainqueur et enlevant à sa rapacité tout ce qu'elles pouvaient emporter, mais nous devons dire que la population de Folembray se montra toujours digne et courageuse. Des 81 soldats qui formaient le contingent de la commune, aucun ne fut sourd à la voix du devoir et de l'honneur ; plusieurs même avaient devancé l'appel, comptant pour rien les privations et les dangers, lorsqu'il s'agissait de défendre la patrie. (1)

Le dimanche 11 septembre, à l'heure de la messe, 388 cuirassiers blancs arrivèrent à Folembray par les routes de Chauny, de Coucy du Rond d'Orléans et en repartirent le lendemain ; 1,545 hommes à la date des 15, 19 et 25 novembre logèrent également à Folembray et signalèrent leur passage par des vols de toute nature ; ces hommes appartenaient au 7ᵉ régiment d'artillerie wesphalienne, au 2ᵉ régiment des Ulans Hanovriens et au 41ᵉ régiment d'infanterie. Enfin, les 15 et 16 mars, deux détachements de l'armée saxonne, comprenant une batterie d'artillerie et deux compagnies de grenadiers, soit 600 hommes et 150 chevaux, séjournèrent encore dans notre pays.

Quelque temps après, les autorités allemandes réclamaient à la commune de Folembray, une

(1) Tous revinrent à l'exception du jeune Léon Menut, mort à l'hôpital du Quesnoy (Nord).

somme de 58,449 francs 10 centimes, à titre de contributions et d'amende : « Si le paiement ne se fait pas dans les vingt-quatre heures, écrivait le baron de Landsberg, préfet prussien à Laon, l'autorité se verra forcée d'employer les mesures rigoureuses prescrites par les lois de la guerre. »

Pendant plusieurs mois, la commission municipale se vit sous le coup de ces menaces : son patriotisme et sa fermeté épargnèrent à la commune une somme dont le paiement eut pour longtemps, englouti ses ressources.

La charge la plus pénible qui pesa sur Folembray pendant cette époque de tristes souvenirs, fut la garnison prussienne de 230 hommes, qui séjournèrent pendant près de deux mois, du 2 juin au 26 juillet. Une somme de 4,217 francs 60 centimes lui fut allouée pour ses frais d'occupation. Folembray avait reçu déjà, sur les deux cents millions votés par l'Assemblée nationale, 1,925 francs, et 825 francs pour le passage des Saxons du 16 mars, soit en tout une somme de 6,967 francs 60 centimes à partager entre les habitants.

Cette indemnité devait offrir à la commune de Folembray l'occasion de montrer son désintéressement que nous sommes fier de consigner dans cette histoire. Le 8 juin 1872, M. Labarbe convoqua tous les habitants pour leur faire part des différentes sommes qui leur étaient allouées, leur proposant en même temps de faire l'abandon de leur quote-part en faveur de l'agrandissement de l'église.

Par une coïncidence remarquable, cent ans auparavant (1772), le syndic P.-L. Destrées avait également convoqué les habitants de Folembray, pour leur demander quelques sacrifices en faveur de l'église, dont le clocher menaçait ruine ; on a vu plus haut comment la population avait répondu à cet appel.

La proposition de M. Labarbe rencontra le même accueil ; chacun comprit qu'un pays qui, relativement, avait eu peu à souffrir, où tous les ouvriers avaient eu le rare bonheur de conserver leur travail, alors que tous les ateliers étaient fermés, devait affirmer bien haut sa reconnaissance et son désintéressement. La reconstruction du sanctuaire de l'église perpétuera ce double sentiment de nos concitoyens.

Mme la baronne de Poilly, qui continue parmi nous les généreuses traditions de ceux dont elle porte le nom, avait précédemment offert pour la même cause une somme de 5,000 francs.

Le 2 juillet 1872, un décret signé du Président de la République, déclarait d'utilité publique le chemin de fer qui doit relier Chauny à Anizy par Folembray et Coucy. Cette nouvelle fut accueillie parmi nous avec un enthousiasme d'autant plus grand qu'on savait que M. Labarbe avait dû soutenir une lutte de plus de treize années pour obtenir le chemin de fer tant désiré.

Folembray désormais n'aura plus rien à envier et l'établissement d'un chemin de fer devra inaugurer pour lui une ère plus grande encore de progrès et de prospérité.

CHAPITRE XIV

SOMMAIRE : Seigneurie, fiefs et seigneurs ; curés et desservants ; maires de Folembray.

1° Seigneurie de Folembray

481 Clovis, par droit de conquête.
498 Saint Remi, par donation du précédent.
533 Eglise de Reims, qui reçoit la seigneurie de Folembray à la mort du précédent, et la donne aux suivants, à titre de fief :
750 Raoul ;
776 Odelher, son fils ;
778 Odelgisse,   id.
— Odelhaire,   id.
— Osver ;
867 Sigebert.

925 Herbert, comte de Vermandois, prend à l'église de Reims la terre de Folembray, ainsi que les autres biens constituant la terre de Mège.

935 Hugues-le-Grand reçoit cette seigneurie du roi Raoul.

940 Odalric, archevêque de Reims, la reprend au précédent et la rend à son église.

975 Eudes de Chartres l'achète à l'église de Reims et Folembray passe dans le domaine de Coucy.

1037 Albéric, premier seigneur de Coucy.

1079 Enguerrand Ier, par succession.

1117 Thomas de Marle, son fils, par succession.

1130 Enguerrand II, id. id.

1150 Raoul Ier, id. id.

1191 Enguerrand III, id. id.

1242 Raoul II, id. id.

1250 Enguerrand IV, frère du précédent, id.

1311 Enguerrand V, neveu du précédent, id.

1334 Enguerrand VI, son fils, id.

1346 Enguerrand VII, id. id.

1397 Marie de Coucy, sa fille, id.

1400 Louis Ier, duc d'Orléans, par acquisition.

1407 Charles Ier, son fils, par succession.

1465 Charles II, id. id. devient roi sous le nom de Louis XII.

1515 François Ier, roi de France, fils du précéd^t.
1547 Henri II, son fils, par succession.
1574 Henri III, id.
1576 Diane de Valois, fille naturelle de Henri II, morte sans enfants; Folembray retourne à la couronne.
1594 Henri IV, roi de France.
1610 Louis XIII, id. par succession.
1643 Louis XIV, par succession.
1672 Philippe Ier, duc d'Orléans, son frère, par apanage.
1701 Philippe II d'Orléans, régent de France, par succession.
1723 Louis d'Orléans, son fils, par succession.
1752 Louis-Philippe-Joseph d'Orléans, id.
1785 Louis-Philippe-Joseph Egalité, id.

2° Fief de Longueval

Ce fief, ainsi appelé à cause de la *longue vallée* (longa vallis) à l'extrémité de laquelle il était situé, a très-probablement donné son nom à toute la famille des Longueval. Les Longueval portaient : *bandé de vair et de gueules de six pièces.*

Une ferme a été bâtie sur l'emplacement de l'ancien fief.

Seigneurs :

1500 Annibal de Longueval, seigneur de Longueval et de Verneuil.

1535 Philippe de Longueval, son fils, père de Charles de Longueval, abbé de Nogent, qui embrassa la réforme de Calvin en 1565 et se maria.

1568 Philippe II de Longueval.

1580 Jacques de Longueval, marquis d'Haraucourt, gouverneur du Châtelet. Il fut le père d'Angélique de Longueval, dont on peut lire la tragique histoire au dépôt des Archives nationales.

1632 Alexandre de Longueval, marquis d'Haraucourt, seigneur du fief Madame, par acquisition.

1710 Gérard-Lévesque de Champeaux, seigneur de Longueval, d'Orrinville, de Verneuil et du Tourniquet. Il savait le latin, le grec, l'hébreu, et parlait les principales langues de l'Europe. Il fut ambassadeur de France à Genève.

1778 Sébastien Lévesque de Champeaux, son fils, seigneur de Longueval, d'Orrinville, de Verneuil et du Tourniquet, capitaine au régiment dauphin.

3° Fief Madame

Ce fief, situé entre la ferme de Longueval et celle du Pignon, appartenait aux habitants qui le vendirent au marquis d'Haraucourt, seigneur de Longueval, moyennant une somme de 546 livres tournois, le 5 février 1653.

(Voir notre histoire, chap. IX. p. 135-136).

4° Fief du Vivier

Ce fief doit son nom à l'étang ou *vivier* qui fut creusé à la naissance de l'allée du Chévremont. Un petit château qui séduit tous les regards par la fraîcheur et la gracieuseté de son site, a été construit sur les bords de cet étang, par M. le baron de Poilly, en 1817. Propriété de Mme la baronne de Poilly, le château du Vivier sert aujourd'hui de résidence à M. Labarbe, maire de Folembray, co-actionnaire et gérant de la Verrerie.

Seigneurs :

1643 Pierre Sauvaige, conseiller du roi.
1679 Suzanne Sauvaige, sa fille, morte âgée de 41 ans et inhumée dans la chapelle Sainte-Anne de l'église de Folembray.

1708 Gaspart Thévenot, bourgeois de Paris, fondateur de la Verrerie du Vivier.

1758 De Saint-Mars, conseiller du roi.

1763 Michel Saint-Martin de Valcourt, par son mariage avec Marie-Anne de Saint-Mars, fille du précédent.

1784 Guillaume Tronson, par son mariage avec Marguerite de Valcourt, fille du précédent. (1)

5° Fief du Tourniquet

Ce fief était situé entre le village et le hameau du Bois-de-Midi, sur l'emplacement qui porte encore son nom et où l'Administration de la Verrerie a fait bâtir en 1870 une cité ouvrière. Une cave aux voûtes ogivées est le seul vestige de cet ancien fief. On voyait encore, il y a cinquante

---

(1) La terre du Vivier a eu pour propriétaires jusqu'à nos jours :

1800 M. Pipelet de Montizeaux, par son mariage avec Emilie Tronson de Valcourt.

1811 M. le baron Charles de Poilly, par son mariage avec Marie-Julie de Montizeaux.

1849 M. le baron Henri de Poilly, fils du précédent.

1862 Mme la baronne de Poilly, née du Hallay-Coetquen, veuve du précédent.

ans, un tourniquet en bois, fermant l'extrémité d'un sentier qui traversait cette propriété.

Seigneurs :
1710 Gérard Lévesque de Champeaux.
1778 Sébastien Lévesque de Champeaux.
(Voir au fief de Longueval.)

6° Fief Rademer

Nous n'avons trouvé nulle part aucun indice de ce fief, non plus que des seigneurs qui en auraient porté le titre pendant 367 ans. Nous empruntons ce qui suit au Dictionnaire historique de M. Melleville, en laissant à l'auteur toute la responsabilité de ses recherches.

Seigneurs :
1417 Charles de Fay d'Athies.
1447 Thomas de Fay d'Athies.
1484 Jean Gruchet.
1532 Gaspart Thévenot.
1539 Pierre Tavernier.
1700 Félicienne Sauvaige.
1725 Georges Thévenot.
1780 Michel Saint-Martin de Valcourt.
1784 Guillaume Tronson, seigneur dudit, par son mariage avec Marguerite de Valcourt.

Le même auteur, qui s'est fait un principe de n'indiquer jamais les sources auxquelles il a puisé, donne encore à Folembray le fief du Bois-les-Vaches, qui aurait appartenu aux habitants. Ce fief appartenait à la commune de Champs, dont fait encore partie le hameau du « Bois-les-Vaches. »

Curés et Desservants (1)

750 Ferter, mort à Folembray.
762 Dodon, ibid.
765 Haimbrade.
781 Agmérade,
797 Ottéric, ibid.
857 Bertfride.
863 Grimon.
865 Heiméric.
867 Sanat.
. . . .
16... Adrien Destrées, inhumé dans le chœur de l'église.
1641 Pierre Pollo.
1691 Haranguier.

(1) Nous donnons ici le titre de Desservants aux prêtres chargés de la paroisse de Folembray, et qui n'y eurent pas leur résidence.

1695 Quinot.
1696 Chavigny.
1713 Louis Fleury, ibid.
1736 Nicolas Demarly, ibid.
1758 Jean Choque, mort à La Fère.
1760 Bernard, inhumé au portail de l'église.
1786 Chapellet.
1788 Driencourt.
1803 Pierre de France, mort au château de Verneuil.
1804 Damour, vicaire de Coucy.
1805 De Lacombe.
1806 Damour, le même qu'en 1804.
1816 Goguet, vicaire de Coucy, mort à Pont-Saint-Mard.
1818 Marion, doyen de Coucy.
1827 Victor Dupont, vicaire de Coucy.
1828 Edouard Meslé, ibid.
1829 Bonaventure Boileau, doyen de Coucy, mort en 1868.
1830 Charles Pierret, vicaire de Coucy.
1831 Delafosse.
1836 L. Dervelle.
1837 Delaby, actuellement curé de Coincy-l'Abbaye.
1838 V. lé, actuellement curé de Vauxaillon.

1847 Denis Melaye. (1)
1856 Florimond Lhomme.

Maires

1800 François Pipelet de Montizeaux.
1805 Jean Carlier.
1808 Joseph Champenois.
1817 Charles de Poilly, chevalier de Saint-Louis, officier de la Légion d'honneur, membre du Conseil général pour le canton de Coucy.
1826 Xavier De l'Age, directeur de la verrerie.
1847 Charles de Poilly, le même qu'en 1817.
1849 Henri de Poilly, chevalier de la Légion d'honneur, membre du Conseil général pour le canton de Coucy.
1862 Benjamin Labarbe, officier du Lion rouge et du Soleil de Perse, chevalier de la Légion d'honneur, membre du Conseil général de la Seine-Inférieure.

---

(1) Décédé le jour de sa fête, dimanche 9 octobre 1859, en l'église de Pontru, près Vermand, pendant qu'il célébrait le saint sacrifice. M. Melaye, dont l'auteur n'écrit le nom qu'avec une pieuse émotion, avait acquis à Folembray, par sa distinction, sa générosité, ses talents et toutes ses vertus ecclésiastiques, les plus nombreuses et les plus honorables sympathies.

CHAPITRE XV.

Pièces justificatives et Notes diverses.

NOTE I.

Lettre d'Hincmart, de Reims, à son neveu Hincmart, de Laon.

..... Tempore Tilpini Remensis archiepiscopi, quando *Rodulphus* avus Parduli, episcopi Laudunensis, ipam villam in beneficio habuit, fuit in præfatâ ecclesiâ *Ferterus* presbyter. Post obitum Ferteri fuit in ipsâ ecclesiâ, *Dodo* presbyter, quando *Odelherus* filius Rodulphi, pater Parduli episcopi, ipsam villam in beneficio habuit. Post

Dodonis obitum..... fuit *Agmeradus* presbyter, quando, *Odelgissus* frater Parduli..... ipsam villam in beneficio habuit. Et isti tres presbyteri fuerunt in ipsâ ecclesiâ tempore episcoporum Laudunensium, Genebaudis junioris, Berniconis et Gaufredi.

Post obitum Agmeradi fuit in eâ ordinatus, *Ottericus* presbyter Wenilone Laudunensi episcopo. Ipse Ottericus dum ipsam ecclesiam teneret, cantavit in Noviante, et in Landrica curte et in Broeris : titulus autem ipsius in quo et residuus erat fuit in Follancebrayo. Tempore Parduli obiit Ottericus presbyter de Follancebrayo, qui per annos circiter sexaginta in eâdam ecclesiâ presbyter deguit. Post obitum Otterici venerunt homines de ipsâ villâ ante Pardulum episcopum reclamantes, quia non haberent presbyterum in suâ ecclesiâ. Pardulus autum episcopus cum meo consensu, suggerente mihi *Osvero* cui beneficium *Odelharii* filii Odelgissi nepotis de fratre Parduli episcopi commiseram, Wlfegerum clericum, in ipsâ ecclesiâ ordinandum suscepit : ante vero quam ipse Wlfegerus fuisset ordinatus, obiit Pardulus....

Inde..... *Bertfridus* presbyter in eâdem ecclesiâ et in ecclesiâ apud Broeras per quinque annos cantavit...... *Grimo* per annum et dimidium annos.

(*Patrol. lat. 126, ann. 882-888*).

NOTE II.

Charte d'Elinand, évêque de Laon qui donne à l'abbaye de Nogent l'Autel de Folembray.

Si præcedentium patrum vestigia velimus diligenter attendere, et eorum exemplo studia nostra moresque propensius informare, quanta in eis erga divinam culturam fuerit liberalitas, quantaque devotio liquido colligimus quibus hoc propositum eratquæ munus suppetebant ecclesiis conferre nec solum pastorali vigilantiâ præsse, verum etiam piâ sollicitudine per omnia prodesse. Ego igitur Elinandus, Laudunensis Dei gratiâ præsul, notum esse volumus præsentibus et futuris qualiter ecclesiæ Sanctæ Mariæ quæ sub monasticâ religione apud Noviandum sita est, quatuor altaria de Petramanda videlicet et Chaum et Becencurte et Folembraio pro salute et animæ nostræ commemoratione contulimus et abstracta de manu laicorum fratribus ibidem domino militantibus perpetuo tenenda concessimus. Ut igitur firmius vigeret hujusmodi efficentia, hoc scriptum fieri decrevimus quod etiam in Synodali conventu assignatum et corroboratum reddidimus. Et ne quis in posterum aliquatenus pervertere præsumat anathematis sententiâ objecimus.

Actum Lauduni anno Domini 1089.
(Chroniq. de Nogent p. 419).

NOTE III.

Bulle d'Eugène III, confirmant tous les privilèges de l'Abbaye de Nogent.

Altare de Folembraio terras, silvam, prata, vinagio, hospites census.....
(Chroniq. de Nogent, p. 427.)

NOTE IV.

Bulle d'Alexandre III.

Altare de Folembraio......................
(Chroniq. de Nogent p. 428).

NOTE V.

Bulle de Célestin III.

Ecclesiam de Folembraio, cum decimis qusa ibi habetis cum hospitibus et hominibus, cum terris, terragiis, redditibus, vinagiis et cœteris omnibus quœ in parochiâ illà, possidetis, cum justitiâ et districto hominum, nec non et cum rotagiis ejusdem villœ.

(*Chroniq. de Nogent, p. 435*).

NOTE VI.

Charte d'Enguerrand III, relative à la fondation de la Chapelle du Château de Folembray.

Universis præsentes litteras inspecturis Ingelrannus Dominus Couciaci in Domino, salutem.

Quum nos pluries rogaverimus venerabilem nostrum G..... Dei gratiâ episcopum Laudunensem et virum religiosum Abbatem de Nogento et presbyterum de Foulembray, ut ipsi nobis licentiam et assenssum darent habendi in domo nostrâ quam habemus apud Foulembray, quoddam oratorium in quo celebrarentur Divina, quotiescumque in eodem loco, nos personaliter contingeret interesse, vel uxorem nostram, vel aliquem ex hœredibus nostris, nos volentes hoc sine prœjudicio dictorum Abbatis et Presbyteri facere, recognoscimus per prœsentes litteras dictum abbatem patronum esse dicti loci, si ibidem a nobis vel hœredibus nostris, vel alioquocumque capellano seu beneficium ecclesiasticum fundetur et instituatur. Et volumus quod prœdictus abbas, tanquam patronus ejusdem loci habeat plenariam potestatem conferendi dictam capellaniam cuicumque voluerit in perpetuum dummodo sit idone persona, et ad hoc nos et hæredes nostros obligavimus, salvo jure Domini episcopi Laudunensis in omnibus, et presbyteri ejusdem loci et abbatis memorati. Hoc etiam addito quod si, forsitan, in eodem loco capellania instituta sit, capellanus in eâdem capellaniâ sicut dictum est, institutus tenebitur jurare fidelitatem domino episcopo Laudunensi, abbati de Nogento patrono jusdem loci, de jure eorum fideliter in omnibus observando. In cujus rei testimonio fecimus prœsentes litteras sigilli nostri munimine roborare.

Actum anno Domini 1209.
(*Chroniq. de Nogent. p. 429*).

NOTE VII.

Coustumes de Coucy qui diffèrent des coustumes du Vermandois.

Art. 1ᵉʳ. Le mari peut vendre et donner par donnation faite entre vifs, tous ses meubles et immeubles, sans le consentement de sa dite femme.

Art. II. Les bourgeois et bourgeoises survivan, durant leur viduité, jouyssent et possèdent leur vie durant de tous et chacun des meubles et immeubles qui communs étaient au jour de leur trèspas, pourveu qu'il n'y ait aucuns enfants.

Art. III. Tous acquéreurs d'héritages redevables, et subjets de droits de vente, à scavoir de vingt sols tournois, vingt deniers tournois, au seigneur dudit héritage.

Art. IV. Quand on se fait d'aucun fiefs ne peux est deub droit de relief seulement.

Art. V. Entre nobles en ligne directe, l'aisné emporte tous les fiefs.

Art. VI. Entre roturiers en ligne directe, l'aisné prend outre le manoir principal tenu en fiefs et préclosture la moitié de ce qui est tenu en fiefs.

Art. VII. Entre nobles y a en ligne collatérale aisnesse et emporte l'aisné tous les fiefs.

Art. VIII. Entre roturiers en ligne collatérale droit d'aisnesse n'a lieu ; mais bien exclud le masle la femelle en pareille degré.

Art. IX. Par testament, l'homme noble ou roturier ne peut disposer que du quint de ses fiefs venant de naissant.

Art. X. Au reste ceux du gouvernement et Baillage de Coucy se gouvernent selon les us et coustumes du Baillage du Vermandois et Prévosté Foraine de Laon. (1).

Villes et villages dépendans de la coustume de Coucy.

Autreville.	Vaussolles.	Malbousine.
Aufrefnes.	Courson.	Nougent
Allemant.	Cus.	Orgival.

(1) Coustumes particulières et locales du gouvernement de Coucy. — Reims. 1630.

Aubercourt.	Charus.	Pierremande.
Blerencordel	Fraisnes.	Premonstré.
Bairesy au deça du Ru.	Folembray.	Pinon.
	Grandfaux.	Quincy.
Blerancourt.	Jumencourt.	Sorny.
Bretigny.	Juvigny.	Sainct-Paul aux Bois.
Coucy.	La Marie.	
Coucy-la-Ville.	Landricourt.	Sincheny.
Crecy	Luilly.	Trolly.
Vaussaillon.	Vaudesson.	Verneuil.
La Vieisville.		

NOTE VIII.

Confirmatio Usagii seu annonæ lignariæ in sylvâ de Coulomiers per Radulphum Cociacensem Dominum.

.... Recognoscimus.. ... et confirmamus ipsi ecclesiæ.... in perpetuum habere usagium suum in Sylvam de Coulommiers ad quatuor quadrigas quarum qualibet habeat duas rotas..... hoc salvo quod per hanc præsentem recognitionem et confirmationem nostram non intendimus nec volumus nec concedimus eam posse vel debere uti, in parco nostro de Foulembray.

Datum anno Domini 1245.

(*Chronq. de Nogent, p. 257).*

NOTE IX.

1° Enquête.

Inquesta facta de mandato domini Regis, per Henricum de Campo Repulso, clericum domini Regis et Gaufridum de Roncherolles tunc ballivum Viromandui ad sciendum utrum domina Agnes, domina de Condran, et prœdecessores ipsues domine, domini de Condran, usi fuerunt in bosco de Columbiers, in parco de Folembrai et extra juxta nemus de Columbiers, ad ea quœ necessaria erant et sunt domui de Condran, a tempore a quo non extat memoria. Quod negabatur ex parte domini Cociaci, cujus est boscns prædictus, quantum ad dictum parcum de Folembrai. Probatum est per istam inquestam quod domina Agnès prædicta habet usagium suum tam in parco prœdicto de Foulembrai quam in toto bosco de Columbiers, racione dictœ domus de Condran et habeat usque ad rivulum de Rumencort ; et agebatur de Saisina.

(*Olim. t.* 1, *p.* 225, *1265*).

2° Arrêts.

Cum Johannes, dominus Foilloeli esset in possessione habendi et percipiendi usagium suum ad ardendum, claudendum et edificandum ad usum domus suæ de Condran memore Ingeranni, domini de Cociaco, quod dicitur parcus de Foulembrai ac idem Ingerannus, dictum Johannem super proprietates dicti usagii traxisset in causam coram nobis et proposnisset contra eum, quod idem Johannes non habebat jus utendi in nemore antedicto. Tandem propter quemdam defectum a dicto Johane post dies consilii et ostensionem in dictâ causâ factam, per curie judicium pronunciatum fuit, dictum Johannem a possessione utendi, in dicto nemore esse amovendum et adjucata fuit sesina dicto Ingeranno prohibendi eum uti eidem Foilloelli questionœ proprietatis reservatâ.

(*Ibid.*)

NOTE X.

Echange entre l'Abbaye de Nogent et le Seigneur de Coucy.

Mense Augusto cum idem Ingerranus plures agros in quibus abbatia de Nogento decimœ vel terragii percipiendi jus habebat, suo septo de Folembray complexus fuisset, in compensationem tredecim axinos avenœ ad mensuram cociacensem ex ejusdem castri horreis annuatim recipiendos assignat.

(*Chroniq. de Nog. p. 153*).

NOTE XI.

De par le roy.

Et nous Paul Barillon Damoncourt, conseiller du roi en ses conseils, maître de requêtes ordinaire de son hostel, commissaire député par sa Majesté pour la réformation généralle eaux et forêts au département de l'Ile de France, Brie, Perche, Picardie et païs reconquis.

On fait à scavoir que sur la mise à prix fait par Antoine Berleu, marchand, demeurant à Chauny, de la somme de quatre cens livres tournois aux bois restant du gros pavillon fondu du chasteau de Folembray, mesme ceux qui restera des planches d'y celluy soit qu'il soit fondu ou encore en estat de la réserve des quarreaux et fers qui se trouveront dans icelluy pavillon.

Plus au bois entièrement du battiment qui est à desmolir au corps de logis qui donne sur le jardin dudit chasteau à la réservation aussy des ardoizes qui se trouveront sur le comble que l'adjudicataire sera tenu de faire détacher à ses dépens du fer des carreaux qui se trouveront.

Et tous les bois et les thuiles qui se trouveront en galleries du jeu de paulme du dit chasteau à la réserve pareillement du fer et des quarreaux qui se trouveront en icelluy, seront par nous vendus et adjugez au plus offrant et dernier enchérisseur affin que si quelqu'un y veut enchérir il y sera receu.

Déllivré le trentiesme Octobre 1664, signé : *Sauvaige*.

Nous commissaire susdit ordonnons que le prix

provenant de la vente des bois desmolis du corps de logis qui est au devant le jardin du chasteau de Folembray et ce qui reste de la démolition du gros pavillon fondu avec le bois de la gallerie du jeu de paulme et sera mis entre les mains du greffier o ur être employé à la réparation de l'auditoire du dit Coucy et à la confection d'un greffe pour la maitrise des eaux et forests fait au dit Coucy le dernier octobre 1664, signé Barillon Damoncourt et plus bas par mon dit sieur Bordier.

L'an mil six cens soixante cinq le vingt huit Mai, pardevant nous Jean Carpentier, sieur Destournelles, conseiller du roi, maitre particulier des eaux et forêts de Coucy à et..... Suivant l'ordonnance de Monsieur Barillon Damoncourt, conseiller du roi en ses conseils, Maitre des requêtes ordinaire de son hostel, commissaire député par sa Majesté pour la réformation des eaux et forêts au département de l'Isle de France, Brie, Perche, Picardie et païs reconquis, sur la mise à prix faite par Antoine Berleu, marchand, demeurant à Chauny de la somme de quatre cens livres tournois aux bois restans du gros pavillon fondu du chasteau de Folembray mesme celluy qui restera des planches d'y celluy papavillon.

Plus au bois entièrement du battiment qui est à desmolir au corps de logis qui donne sur le jardin du dit chasteau à la réservation aussi des ardoizes qui se trouveront sur le comble, que l'adjudicataire sera tenu de faire destacher à ses dépens, du fer et des quarreaux qui se trouveront.

Et tous les bois et les thuiles qui se trouveront en galleries du jeu de paulme du dit chasteau à la réserve pareillement du fer et des quarreaux qui se trouveront en icelluy.

Seront vendus et adjugez pardevant nous, lundy prochain, heure de plaid ordinaire, au plus offrant et dernier enchérisseur, à l'extinction d'une chandelle en la manière accoustumée aux charges, clauses et conditions qui seront dites et déclarées lors d'icelles.

Affin que si quelqu'un y veut enchérir il se trouve le dit jour il y sera receu.

Délivré le quatorziesme novembre mil six cens soixante quatre par moi greffier soubsigné, signé Sauvaige.

Publié judiciairement pardevant nous Jacques Cœur de Roy, conseiller du Roy et de son Altesse Royalle, président lieutenant général du baillage de Coucy et son lieutenant en la maistrise du dit lieu en la présence du substitut du procureur du roy en la dite maistrise et M° François Jorien, garde de la dite maistrise le lundy dix-septième novembre mil six cens soixante quatre.

Mis à prix par M° Alexandre Frousset à quatre cens livres tournois.

Par M° Claude Legorju à quatre cens cinquante livres tournois.

Par Claude Boullanger menuisier demeurant en cette ville de Coucy à six cens livres tournois à la charge que les quarreaux ci-devant déclarés, ensemble les briques de cheminée qui sont dans les dits lieux à desmolir lui appartiendront et lesquelles cheminées il pourra faire desmolir jusques à l'entablement.

Pourquoi ouy le dit substitut qui n'a dit moyens pour ce empescher, nous avons fait réitérer les publications à divers fois, et ne s'étant présenté aucun enchérisseur au pardessus, nous avons au dit Boullanger donné le feu sur la dite enchère de six cens livres tournois, lequel esteint sans aucunes enchères nous avons à icelluy Boullanger adjugé et adjugeons les dits bois, quarreaux et cheminées comme dit cy-devant moyennant la dite somme de six cens livres, et outre aux clauses, charges et conditions cy-devant dites signé Cœur de Roy.

Et le vingt-huit mai mil six cens soixante cinq pardevant nous juge devant nommé en notre hostel et domicille en la présence du dit substitut du procureur du roy, est comparu le dit Boullanger, lequel a déclaré que l'enchère et adjudication des bois, quarreaux et cheminez mentionnez en la publication du dix sept Novembre mil six cens soixante quatre, a esté pour les relligieux prieur et couvent de Nogent suivant le pouvoir et charge qu'ils lui avaient donné de ce faire, pourquoy il quitte et remet icelle adjudication au profit des dits relligieux prieur et couvent ce qui a esté recognu et arrêté par dom Hilarion Pluelt relligieux procureur conventuel à la dite abbaie présent, assisté de M. Abraham Sauvaige l'aisné leur procureur en conséquence de laquelle remise nous avons iceux condamnez à acquitter le dit Boullanger de la dite somme de six cens livres pour le prix principal de la dite adjudication qu'ils seront tenus mettre ès mains de notre greffier conformément à l'ordonnance de Monseigneur de Barillon et outre ce de satisfaire aux clauses, charges et conditions portez aux billets cy devant et est la minute des présentes signez des dits Hilarion, Pluelt, Sauvaige, Boullanger, Belin et Cœur de Roy.

TABLE DES MATIÈRES

                                            PAGES

Préface   7

CHAPITRE I : 50 ans avant J.-C. — 481   11

    Position, juridiction, étymologie de Folembray. — Superficie, hameaux et lieuxdits. — Ses premiers habitants, son premier seigneur.

CHAPITRE II : 481 - 867   19

    Donation de la terre de Mège à saint Remi. — Les Alleux. — Premiers curés et seigneurs de Folembray. — Pardule, de Folembray, évêque de Laon : sa vie. — Intrigues du curé de Coucy-le-Ville au sujet de l'église de Folembray.

CHAPITRE III : 867 - 878   33

    Contestations entre l'évêque de Laon et l'archevêque de Reims au sujet du droit de présentation à la cure de Folembray, et au sujet des retards apportés à l'ordination de Sanat. — Caractère des deux Hincmart. — Première lettre d'Hincmart de Reims. — Réponse d'Hincmart de Laon. — Nouvelle lettre de l'archevêque. — L'évêque de Laon déposé au concile de Douzy. — Ses malheurs.

CHAPITRE IV : 873-1200 47

Folembray fait partie du domaine de Coucy. — Donation de l'autel de Folembray à l'abbaye de Nogent. — Cérémonie des rissoles. — Thomas de Marle ravage les terres de Coucy. — Droit qu'a l'abbaye de Nogent de prendre du bois dans la forêt de Folembray. — Singulière coutume que ce droit fait naître.

CHAPITRE V : 1200-1358 61

Enguerrand III fait construire un château à Folembray. — Charte de fondation de la chapelle Saint-Nicolas. — Enguerrand IV. — Différend avec Agnès de Condren au sujet du parc de Folembray.

CHAPITRE VI : 1358-1400 75

Troubles de la Jacquerie. — Retour d'Enguerrand dans ses terres. — Affranchissement de la commune de Folembray. — Situation des vilains. — Folembray est épargné par les Anglais. — Construction de l'église. — Charles VI à Folembray.

CHAPITRE VII : 1400-1515 93

Vente de la seigneurie de Folembray au duc d'Orléans. — Assassinat du duc d'Orléans. — Bourguignons et Armagnacs. — Création d'un « four aux voirres : » son emplacement. — Le domaine de Folembray passe à la couronne

CHAPITRE VIII : 1515-1595 109

La Renaissance. — François Ier reconstruit le château de Folembray. — Edits qu'il date de Folembray. — Henri II. — Marie de Hongrie fait incendier le château de Folembray. — Vengeance d'Henri II. — Henri III donne la terre de Folembray à Diane de Valois. — Retour de ce domaine à la couronne.

CHAPITRE IX : 1594-1700 119

Henri IV à Folembray. — Ah ! la folle en braie ! — Lettres d'Henri IV et divers édits datés de Folembray. — L'assemblée du clergé envoie des députés à Folembray. — Traité de Folembray. — En quel endroit eut lieu la soumission de Mayenne ? — Les Espagnols à Folembray. — Vente du fief Madame. — Vente des débris du château à l'abbaye de Nogent. — Folembray est donné en apanage à la famille d'Orléans.

CHAPITRE X : 1700-1789 141

Etablissement d'une verrerie dans les ruines du château. — La noblesse verrière. — Thévenet fonde la verrerie du Vivier : il y établit une chapelle. — Inventaire du linge de la sacristie. — Revenus de la cure de Folembray. — Reconstruction de la tour de l'église. — Dom Bernard.

CHAPITRE XI : 1789-1799 159

Révolution française. — Dégâts dans la forêt. — Démission de M. Tronson. — Réunion du Bois-de-Midi à Folembray pour le spirituel. — Bénédiction de trois nouvelles cloches. — Le maire et le procureur économes. — Pillage de l'église. — Augustin Delahègue. — Une première messe.

CHAPITRE XII : 1799-1848 177

Revers de la France. — M. de Poilly. — Les alliés à Folembray : leur conduite. — L'église s'effondre. — La duchesse de Berry à Folembray. — Restauration de l'église. — Réunion du Bois-de-Midi et des Prés Houez à Folembray. — Etablissement d'un marché. — Mort de M. de Poilly.

CHAPITRE XIII : 1848-1873 195

M. Henri de Poilly. — Construction de l'Hôtel-de-Ville. — M. Labarbe : impulsion donnée à la Verrerie. — L'invasion. — Agrandissement de l'église. — Le chemin de fer.

CHAPITRE XIV 207

    Seigneurie, fiefs et seigneurs; curés et desservants; maires de Folembray.

CHAPITRE XV 217

    Pièces justificatives et notes diverses.

ERRATA

Page 39, ligne 14ᵐᵉ, *au lieu de :* sans ma permission..... *lisez :* sans sa permission.

Page 87, ligne 1ʳᵉ, *au lieu de :* commenaçait une sorte de..... *lisez :* commençait, une sorte de....

Page 109, ligne 9ᵐᵉ, *au lieu de :* de Primatice... *lisez :* du Primatice....

Page 201, ligne 21ᵐᵉ, *supprimez :* les primes d'association.

CHAUNY
IMPRIMERIE BOURICOURT

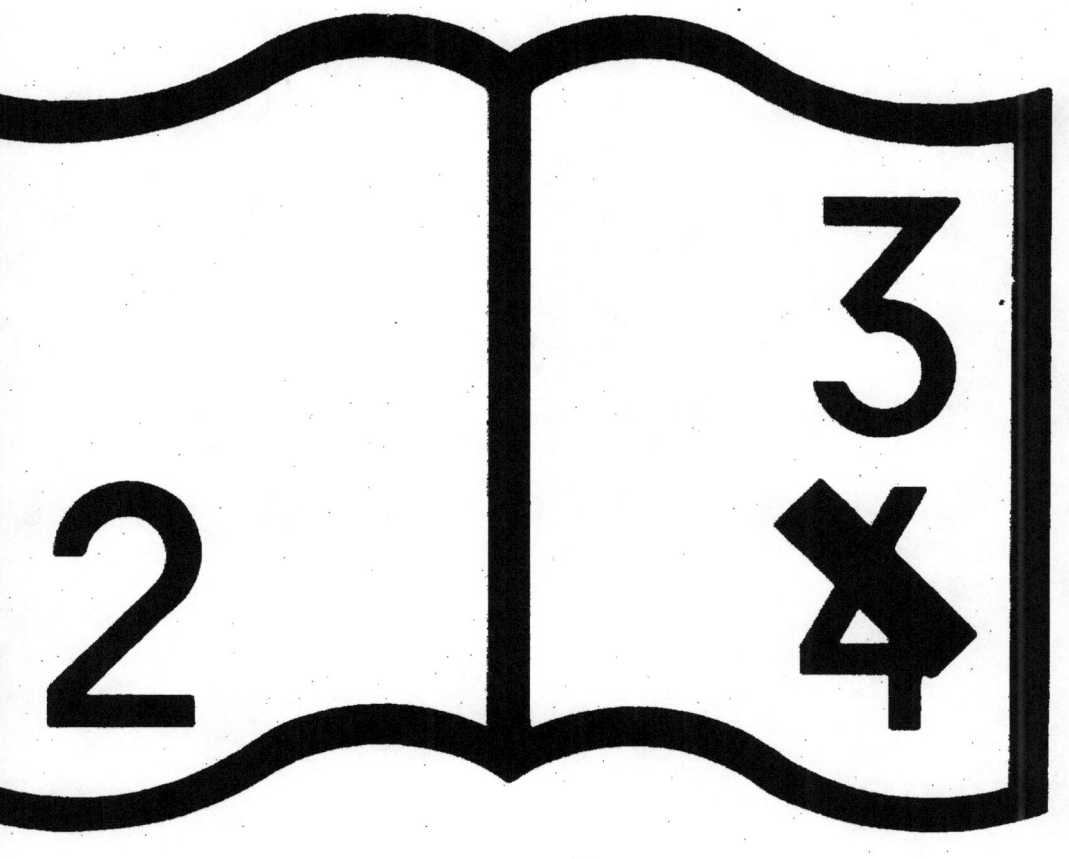

Pagination incorrecte — date incorrecte

NF Z 43-120-12

www.ingramcontent.com/pod-product-compliance
Lightning Source LLC
Chambersburg PA
CBHW060125170426
43198CB00010B/1044